JN093802

おてんとうさまは
みている

世界じゅうを幸せにする
「和の知恵」

AKIRA

サンマーク出版

プロローグ

はじめて日本にきた外国人にとって日本人との出会いは、まさに「未知との遭遇」でした。

１９２２年に来日したドイツ出身の科学者アルベルト・アインシュタインは、寄港した国々を辛らつに批評するなか、日本だけを絶賛しました。

「嫌味もなく、また疑い深くもなく、人を真剣に高く評価する態度が日本人の特色である。彼ら以外にこれほど純粋な人間の心をもつ人はどこにもいない」

それから１００年、ぼくはアメリカとヨーロッパに10年間住み、世界１００か国を旅し、西洋と日本のちがいを痛いほど体感してきました。

そして世界を知れば知るほど、「日本の知恵って、すごいんだ！」とおどろきます。

共存共栄、多様性、平和などをベースにした『和の知恵』は、古代から脈々と受けつがれてきた宝物です。

ぼくは現代日本人のなかから『和の知恵』が完全に失われてしまったとは思っていません。

たとえばサッカーのワールドカップなどで試合後に日本人が自主的にゴミ拾いをする姿をみ

て、外国人もゴミを拾うようになっていきました。日本人が受けついできた知恵が、競争社会にいきづまった世界の未来を救うかもしれません。

さらにアインシュタインは、**現代の日本人が聞くと腰を抜かすような「予言」**を残しています。

「世界は進むだけ進んでその間幾度も戦争を繰り返してきたが、最後には闘争に疲れる時が来るだろう。そのとき人類は必ず真の平和を求めて世界の盟主を挙げなければならなくなるに違いない。その世界の盟主こそは武力や金の力ではなく、あらゆる国の歴史を超越した、世界で最も古くかつ尊い家柄でなくてはならない。世界の文化はアジアに始まってアジアに帰る。それはアジアの高峰日本に立ち戻らねばならない。我々は神に感謝する。神が我々人類に日本という国を作っておいてくれたことである」

人類を代表する知の巨人にここまでいわせる日本独自の知恵とは、なんなのか。

めっちゃ知りたいでしょ？

中学生からお年寄りまで誰にでもわかるよう、ゆかいなおてんとうさまが教えてくれます。

それは競争社会に刷りこまれた呪縛から、あなた本来の姿をとりもどさせてくれるでしょう。

自分を愛し、喜びを分かちあい、名声やお金に執着せず、命に感謝しながら暮らす。単純そうですが、現代ではなかなかむずかしい。そんな思いこみをひとつずつほどいていきましょう。

ちなみに、ぼくはかつてガンで余命宣告を受けましたが、いまも元気で世界を飛び回っています。全快したからです。ぼく自身を救ってくれたのは、高度に発達した医学ではなく、日本古来の知恵にもどることだったのです。

そのあたりの話を中心に、物語を進めていきましょう。

どうぞ、ゆっくりじっくりお楽しみください。

世界中で何度も命の危険をくぐりぬけてきたぼくを待ちかまえていたのは、
まさに生死を分ける戦いでした――。

もくじ

プロローグ —— 1

第一章 教科書が教えない日本の誇るべき歴史

一話 誰もみてなくても、おてんとうさまはみている —— 10
二話 和の知恵のベースは『共存共栄』 —— 14
三話 個人主義のベースは『弱肉強食』 —— 20
四話 みんなでひとつの命を生きている —— 23
五話 最古の文明は日本から生まれた!? —— 27
六話 縄文遺跡から武器がひとつもでてこない謎 —— 31
七話 人は神様になる修行をするためにこの世にやってくる —— 35

第二章 こんなにも深くて尊い和の価値観

八話 「こんにちは」「おかあさん」は太陽が語源だった! —— 42
九話 神の名前はキャバクラの源氏名!? —— 46
一〇話 並はずれたテクノロジーをもっていた古代日本人 —— 48

第三章 祈り、感謝、自愛、そして美しい想い出

一一話 『努力、忍耐、根性』は悪徳である――52
一二話 どうか国民だけは助けてください！――54
一三話 雑草という草はありません――57
一四話 生きる意味のない人生などひとつもない――60
一五話 驚異の祈りプロジェクト――64
一六話 『御陰様』を信じたほうがお得！――68
一七話 この世に生まれる確率――71
一八話 エゴイスティックに『感謝力』――73
一九話 升酒タワーの絶対法則――75
二〇話 病は『命への感謝』を思いだすためのメッセージ――78
二一話 人生は『美しい想い出』を残すためにある――81

第四章 死者の喜びは、愛するものたちが笑って暮らすこと

二二話 天国はいつもあなたのなかにある――86
二三話 あなたの人生は完璧でした――90
二四話 死者の仕事は、残された家族を見守ること――93

第五章 人を変えたいのなら、あなたが変わりなさい

二五話 あなたがこの世に生まれた理由 —— 96
二六話 エンジェルのドレスは勇者の証 —— 100
二七話 この世の成り立ちの秘密 —— 105
二八話 あなたは無数の愛に守られてきた —— 109
二九話 永遠の幸せを手にいれる方法 —— 114
三〇話 人は愚かだからこそ愛しい —— 117
三一話 負けるが価値!? —— 121
三二話 究極の奥義『アダオン』とは? —— 125
三三話 情報ではなく、『愛情』を伝える —— 128
三四話 『苦ラベル』のはがし方 —— 131
三五話 人を変えたいのなら、あなたが変わりなさい —— 134

第六章 ささやかな人生こそ世界最高の宝物

三六話 平凡な人生なんてこの世に存在しない —— 140
三七話 『天職』の見つけ方 —— 144
三八話 天の蔵からお金がガッポガッポと降ってくる —— 148

三九話　怒らず、恐れず、悲しまず ―― 153
四〇話　いまもむかしも恋の主導権は女性が握る ―― 157
四一話　不登校には日の丸ケーキを！ ―― 162
四二話　『命の椅子』をゆずるということ ―― 166

第七章
この家族じゃなければ、あなたになれなかった

四三話　あなたの本当の正体を教えましょう ―― 170
四四話　ダメママでよかった！ ―― 174
四五話　家族は何回でもいっしょに生まれ変わる ―― 178
四六話　あなたがここに生まれてきた理由 ―― 182
四七話　この家族でなければ、あなたになれなかった ―― 191
四八話　あなたはこんなにも美しい存在 ―― 195
四九話　拝啓、おてんとうさま ―― 199

エピローグ ―― 201

第一章 教科書が教えない日本の誇るべき歴史

一話　誰もみてなくても、おてんとうさまはみている
二話　和の知恵のベースは『共存共栄』
三話　個人主義のベースは『弱肉強食』
四話　みんなでひとつの命を生きている
五話　最古の文明は日本から生まれた!?
六話　縄文遺跡から武器がひとつもでてこない謎
七話　人は神様になる修行をするためにこの世にやってくる

一話　誰もみてなくても、おてんとうさまはみている

〈手術3日前〉

AKIRAのひとりごと

うわっ、深紅の薔薇《ばら》より真っ赤な血！

ぼくは宮城県七ヶ浜でのライブの5分前、便器に顔をつっこみ大量の血を吐いた。

トイレットペーパーをぐるぐる巻いて便器や床に飛び散った血を急いでふきとる。

ダッシュでステージにもどると、こみあげる血を呑《の》みこみ、呑みこみ、3時間歌いつづけてぶっ倒れ、救急車で仙台市立病院に運びこまれた。

自分のライブが年間200本もはいってるのに、すきまがあると被災地に通い、不眠不休で40本もの支援ライブをやりつづけてきたからな。

ぼくの地元にある栃木県立がんセンターに移送され、上部内視鏡、血液、心電図、肺活量、腹部エコー、CTスキャンとつづいた精密検査の結果、いきなりの余命宣告。

胃ガンのステージⅢだって？　5年以内に10人中7人が亡くなる？

ぼく……死ぬんだ！　3日後に手術って？　そんな、怖くて眠れないよ。

もし神様がいるんなら**希望の光をください！**

謎の声　……あ〜、うざったい。あんた、あたしを呼んだかい？

AKIRA　なに、いまのしわがれ声？

謎の声　明けない夜なぞないんだよ。**あたしの光を浴びやがれ！**

AKIRA　うわっ、まぶしい朝日が病室の窓から差しこんできた。

ん、光のなかに女性のような姿が浮かびあがってきたよ。

ガンで手いっぱいなのに、頭までおかしくなったのかな。

謎の声　なにをぐだぐだぬかしてんのさ。あたしは幻覚なんかじゃないよ。

AKIRA　ヤバっ？　時代劇にでてくるような縦縞《たてじま》着物の女性がみえる。

謎の声　あんた心のなかで「誰、この口の悪いデブおばさん？」って考えたね。あんたの思考はぜんぶ読めるんだよ。

AKIRA　い、いや、神様に祈ってたんですけど、もしかしてあなたは、女神様とか？

謎の声　あんたらが神と呼ぶもんはみな、あたしが派遣した支店長さ。

AKIRA　じゃあ、神様を派遣するあなた様は誰です？

謎の声　女性神アマテラス！　なんだけど、アマテラスなんて尼寺みたくてやだね。

あたしはこう呼ばれるのがいちばん好きさ。

AKIRA　『**おてんとうさま**』

おてんとうさま　えっ！　太陽神？

そういえば、おばあちゃんがぼくのいたずらを見つけると、よくいってました。

「誰もみてなくても、おてんとうさまはみてるよ」って。

日本では、お年寄りから子供まで親しみをこめて『おてんとうさま』と呼んでくれる。

あたしの仕事は、人が「天の道」を踏みはずさないよう幸せに導くことさ。

幸せになった人間は、そのお返しに至高の贈り物**「感謝」**をささげてくれる。

この喜びの循環を、あんたらの祖先と何万年もつづけてきたんだよ。

AKIRA　感激だなあ。そんな偉大なおてんとうさまが、ぼくの病気を治しにきてくれたとは！

おてんとうさま　かんちがいしないでほしいね。あんたの病気なんか治せないよ。

AKIRA　じゃあ、やっぱりぼくは死ぬんですね……。ってことは、あなたはおてんとうさまではなく、本当は死神……。だったら、帰ってください！

おてんとうさま　まあ最後までお聞き。あんたの病気を治せるものは、お医者様でもあたしでもない。

あんた自身しかいないのさ！

AKIRA　ぼ、ぼく自身ですって？

おてんとうさま　だけどねえ、いまのあんたは天の道を踏みはずし、病気を悪くする生き方をしてる。

AKIRA
おてんとうさま
AKIRA
おてんとうさま
AKIRA
おてんとうさま
AKIRA
おてんとうさま
AKIRA
おてんとうさま
AKIRA

あたしは、あんた自身で病気を治す『**和の知恵**』を教えることはできる。それを修得すれば、おのずと病は消え、幸福な一生を送れるだろう。

も、もし断れば⁉

あんたは「天の道」を踏みはずしたまま、さみしく貧しく死ぬだろう。

（ううむ、「悪い霊がついています」みたいな悪徳開運商法か？　しかも新手の）

『和の知恵』は無料だよ。いままで太陽が電気料金を請求したことあるかい。

……まあひとりで不安を抱えているよりいいか。

ぜひとも、話を聞かせてください！

色よき返事を松並木ってね、あたしはこの日がくるのをずっと待ってたよ。

といっても、完全に信じたわけじゃありませんよ。ぼく疑《うたぐ》り深いんで。

このレッスンはあんただけじゃなく、人類の存亡がかかってるんだからね。

はあ？

おっと、それはあんたに準備ができたときに伝えるよ。

ところで病気を治してくれる『和の知恵』ってなんすか？

どこが西洋とか現代日本人の考え方とちがうんですか？

二話　和の知恵のベースは『共存共栄』

おてんとうさま　現代人てぇのはせっかちだねえ。ゆっくり楽しみながら学んでいこうや。『和の知恵』をひと言でいえば、「自分にウソをつかない生き方」だ。**「金持ちだから偉《えれ》えんじゃねえ、おてんとうさまに恥ずかしくないように汗水流して働く人間が偉えのよ」**って、江戸時代の大工さんがいってたよ。

AKIRA　ところで、なんで落語家みたいな江戸弁なんです？

おてんとうさま　好きだねぇ、江戸弁が。活力があるのよ、言葉に。だから気にいって使ってたけど、もはやあたしの江戸弁も流行おくれ。縄文時代からつづいた『太陽信仰』も『和の知恵』も江戸時代を最後に虫の息さ。

AKIRA　そうなんですか。現代しか知らないぼくにはわかりませんが、なんでおてんとうさまに恥ずかしくない生き方をしたほうがいいんですか。

おてんとうさま　人が生まれるとき、あたしは**太陽の光をひとりひとりに分け与えて魂をこめた。**これを神道では『分け御霊《みたま》』という。
あたしが分けた魂は、あたしの良心でできている。

人を傷つけたり、隠れて悪いことをすれば心がチクチク痛むだろ。
それはあんたの魂が悲しんでる証拠さ。

AKIRA　拍子抜けするほどシンプルだけど、おてんとうさまがこめた魂のせいか、みょうに納得してしまうな。
『魂を喜ばせる生き方』をみんなにとりもどしてほしいんだよ。

おてんとうさま　むかしの賢者たちは自然をつぶさに観察し、人間にも同じ法則が働いてると考え、『和の知恵』を育んだのさ。自然界の法則にのっとって生きれば笑って暮らせるけど、はずれたら、病気になったり、いざこざを起こしたり、自然を壊して災害が起きたり、泣いて暮らすことになる。

AKIRA　**『和の知恵』は『共存共栄』がベース**なんだよね。
『ウィン・ウィン』てやつですかね。

おてんとうさま　そう。海によって大陸とへだてられた日本列島は異民族に征服されることがなかった。氷期が終わった縄文時代から温暖になり、北からの親潮と南からの黒潮が合流する豊かな海産物や森の食料に恵まれていたわ。

AKIRA　彼らは争いを嫌い、食べ物を分かちあい、自然や太陽を敬い、祖先を神としてまつり、**『すべてのものに神が宿る』**と八百万《やおよろず》の神様を生みだした。
『多神教』とか、ラテン語のアニマ（霊魂）からきた『アニミズム』ですね。

おてんとうさま　日本は古くから中国や朝鮮の文化、渡来人の秦氏による養蚕や土木建築技術、インドや中国からの仏教、明治以降は西洋文化をとりいれ、和の文化と融合させながら新しい伝統につくり変えてきた。

ＡＫＩＲＡ　異なるものと争わず、受け入れて「ちがい」を学ぶ**『多様性の精神』**……ですか。

おてんとうさま　平和で豊かな環境があったからこそ、日本は高い共通理解を育んでいけた。だから憲法もいらなかったし、聖書みたいに宗教を明文化する必要がなかったのよ。自己主張する必要もなく、みんなで助けあう『和』が重んじられたわけ。善と悪、白と黒に分けず、あいまいなグレーゾーンを残しておくのも独特ね。**『あいまいさ』は、高い共通理解がないと生まれない。**とても高度な知恵なのよ。

ＡＫＩＲＡ　俳句で『行間を読む』とか、『以心伝心』『雄弁は銀、沈黙は金』とか、外国人にはなかなか理解しにくいですね。

おてんとうさま　外国では戦争に勝つと相手を殺すか、はずかしめるけど、日本では敗者の尊厳を守った。そのほうがつぎの戦いを生まないことを知ってたのね。たとえば、愛媛県松山市の捕虜収容所では、ロシア兵を道後温泉にはいらせたり、帰還できなかった兵士の墓をいまも市民が掃除してるそうだね。あと、老人や子供、障がい者を大切にし、女性が自由に活躍できた。

ＡＫＩＲＡ　えっ、レディファーストのヨーロッパよりはおくれていたんでしょ。

おてんとうさま　そんなことないわよ。ちょっとあんた、スマホで『万葉集』っていつだったか、検索して。

ＡＫＩＲＡ　ええと……8世紀ですね。

おてんとうさま　もう8世紀に、額田王をはじめ、庶民の女性が才能を発揮しまくってるし、もちろん男も天皇から農民まで身分の差別なく歌の美しさで選ばれてる。

ＡＫＩＲＡ　ヨーロッパ初の女性作家、検索して。

おてんとうさま　……17世紀のイギリスですね。

ＡＫＩＲＡ　ほら、10世紀の紫式部から700年もあとでしょ。

おてんとうさま　へ〜え、ヨーロッパが封建主義だった時代に、日本の女性はそんな自由だったのか。

でも奴隷みたいな身分はあったんでしょ。

おてんとうさま　いいえ、日本は奴隷制度を一度ももたなかったわ。

はい、第一次世界大戦後のパリ講和会議、検索！

ＡＫＩＲＡ　ああ、ええと……第一次世界大戦後のパリ講和会議で日本は『人種差別撤廃』を提案、賛成11か国、反対5か国にもかかわらず、植民地経営国によって否決されたと。

たしかに人種差別は日常だったなぁ。ぼくがアメリカに住んでいた1980年代は、南部へいくと有色人種が立ち入り禁止のレストランがふつうにありましたからね。

おてんとうさま　それに日本は他国に比べて犯罪が少なく、安全な暮らしを享受してきた。はい、現在の東京の警察官の数を検索。

AKIRA　もしかしておてんとうさま、数字に弱い？　つーか46億年も生きているのでおぼえられないの？　……でました、現在東京の警察官は**約4万人**ですね。

おてんとうさま　当時世界最大の100万都市江戸には警察（捜査担当の同心）が**たった12人**しかいなかったのよ。

AKIRA　すごすぎ！（笑）だから世界で唯一、落とした財布がもどってくる国なのか！

おてんとうさま　所有や独占を好まず、分かちあいの精神が根底にあるからね。

AKIRA　ぼくの知りあいのアメリカ人は東日本大震災直後にきて、日本人のおばあちゃんが半分割ってくれたおにぎりに号泣したといってました。

おてんとうさま　神様のあたしだって、そのおばあちゃんを拝みたくなるよ。
天皇は民を『大御宝《おおみたから》』とし、民が安心して暮らせるように働く天皇制は何年つづいてる？

AKIRA　……おお、**2680年つづく世界唯一の単一王朝！**
これありえないっすよ。西洋では国家を『暴力装置』（トマス・ホッブズ）とか『暴力の独占』（マックス・ウェーバー）ととらえてます。

おてんとうさま　ところが日本の天皇制は**民を誰ひとり見捨てない伝統**を保ってきた。
初代の神武天皇から、税金を米で納めさせ、国が貯蔵して、飢饉《ききん》や災害などのときに分かちあう伝統がつづいているの。

ＡＫＩＲＡ　あっ、そういう伝統があったから、災害時にも略奪が起きないんだ！

おてんとうさま　2000年以上つづく国への信頼があるから、日本人は自分が生きるか死ぬかの極限状況に追いこまれたときでも礼節を守り、列にならび、他者を助け、ゆずりあうことができるんだよ。

ＡＫＩＲＡ　アメリカのCNNテレビでも、ハリケーン被害のニューオリンズであいついだ略奪と比べて「なぜ日本人はこれほどの惨事のなかで、暴動も略奪もなく、冷静、沈着に行動できるのか」とおどろき、中国でも「われわれ中国人は、モラル、道徳心の面ではまだまだ日本に遠く及ばない。被災した日本人に学ばねばならない」といわれたそうです。

おてんとうさま　なにより日本の独自性は**『持続性』**にあるのよ。はい、「世界の老舗」検索。

ＡＫＩＲＡ　おおお、世界に12社しかない創業1000年超え企業のうち、9社が日本で、世界最古の企業は聖徳太子の建築を請け負った578年創業の金剛組。
ついでにビザなしで海外へいける『パスポートランキング』も世界1位です！
もしかしてぼく、すげえ国に生まれちゃってた？　って気がしてきました。

三話　個人主義のベースは『弱肉強食』

おてんとうさま　アインシュタインは自分の国も冷静に分析していたのよ。「我がドイツでは、教育というものはすべて、個人間の生存競争が至極とうぜんのことと思う方向にみごとに向けられています。とくに都会では、すさまじい個人主義、向こう見ずな競争、獲得しうる多くのぜいたくや喜びをつかみとるための熾烈《しれつ》な闘いがあるのです」と。

ＡＫＩＲＡ　ひえ〜、ナチスドイツを追われたユダヤ人とはいえ、かなり手きびしいですね。

おてんとうさま　じゃあ、仮に大陸で生まれた考え方を『個人主義』と呼んだとして、最初にいっとくけど、あたしは個人主義を批判するつもりはないからね。

大陸が育んだ**個人主義は『弱肉強食』がベース**になってる。

陸つづきのヨーロッパや中国などはつねに異民族との戦いに明け暮れてきた。力の強いものが弱いものから奪い、支配し、したがわないものは滅ぼす。争いによって王朝がひんぱんに入れ替わり、王が絶対権力をもち、一部のものだけが富を独占する。テリトリーを城壁で囲んで武装し、異なる民族は奴隷として搾取、売買する。

AKIRA　その見方、かなりかたよってませんか？　どんな民族だって自分の家族や仲間を敵から守るのは当然だし、相手が力でくれば力で応戦しなければならない。

おてんとうさま　だから大陸では**戦いの技術を最優先に進化させていった**のよ。民族同士の共通理解ができないので、法律や戒律を明文化し、違反者を罰する。ルネッサンス期からはじまる『マキャヴェリズム』は「どんな手段や非道徳的な行為であっても、結果として国家の利益を増進させるのであれば許される」と、白人が有色人種を支配する植民地主義につながっていくわ。

AKIRA　白人の植民地支配によって個人主義が世界中に広がり、日本も明治維新や敗戦で『和の知恵』が否定され、現代の競争社会につながってるのよ。

おてんとうさま　そりゃあ誰だって自分がいちばんかわいいし、収益や給料をあげるのに競争もしなくちゃならないし、家族を養うために会社のルールにしたがうのは当然でしょ。バレなければズルだってしますよ。

AKIRA　あんた、欧米に10年も住んだおかげで、すっかり西洋かぶれね。まあ現代日本でも、勝ち組と負け組とか、弱いものや社会的生産性のないやつはお荷物とか、人生はサバイバルゲームみたくいう人もいますね。劣等感と優越感をあおって競争社会へかりたてる傾向があるのは認めます。

おてんとうさま　では、むかしの日本人がもっていた『和の知恵』と、現代人が行き着いた競争社会の考え方の特徴をまとめよう。

『和の知恵』1、争わない。2、助けあう。3、分かちあう。4、異なるものから学ぶ。5、利他的。6、決めつけない。7、伝統をひきつぐ。

『競争社会』1、争う。2、競争する。3、独占する。4、異なるものを排除する。5、利己的。6、決めつける。7、伝統を古臭いと考える。

AKIRA　うわぁ、恐ろしく正反対だなあ！　はじめて両者のちがいがはっきりわかりましたよ。

おてんとうさま　**「自分がとったこの行動は、どちらの考えに基づいてるか？」**って整理できるわね。ただしこれは「日本は偉いんだ」と優越感をもつためじゃなく、たがいのいいところをとりいれて、未来を考えていきましょうということさ。

AKIRA　じっさい最近は、ハーバードや欧米の大学で、競争原理を超えた第三の道として、日本的な『ウィン・ウィン』（共存共栄）や『シナジー』（相乗効果）、日本企業のオペレーションシステムなどを学ぶようになってきたと本で読みました。それを支えてる根源の考え方ってなんなんですか？

四話　みんなでひとつの命を生きている

おてんとうさま　『和の知恵』の根源？　じゃあ、生活の具体的な知恵を教える前に、『和の知恵』の根源となる生命誕生から歴史をみていこうか。
あんたらの祖先は**『みんなでひとつの命を生きてる』**ってことを知っていたのよ。

AKIRA　なんすか、それ？　だってひとりひとり別人で個性も年齢も寿命もちがうじゃないすか。

おてんとうさま　たとえば北海道、本州、四国、九州、沖縄と、海の上からみればバラバラの島だけど、お風呂の栓を抜くように海の水を抜いたら、ぜんぶ陸つづきさ。人間もみえないところで、**すべての人々、すべての命とつながってる**んだよ。

AKIRA　ぼくは世界中の先住民を訪ねてきたんですが、アメリカのラコタ族のあいさつは『ミタクエ・オヤシン』、**「わたしとつながるすべてのものに祈ります」**という意味です。
メキシコのマヤ族のあいさつは『インラケチ』、**「あなたはもうひとりのわたしです」**という意味です。

おてんとうさま　ああ、先住民たちも『和の知恵』をひきついでくれているね。

日本最古の歴史書である『古事記』は**「ふることふみ」**って呼ばれていた。おどろくことに**世界のはじまりが、ビッグバンとそっくり**なのさ。「地は若く、水に浮く油のように漂っていたが、陰陽の気が回転をしはじめると竜巻が起こりつぎつぎと神が生まれて、世界を創る」ってね。

AKIRA　おお、ビッグバンの解釈では、「初期の宇宙は原始のスープでできていて、世界のはじまりである一点に反発しあう圧力が加わり、爆発で宇宙が膨張していく」っていわれてますね。

おてんとうさま　すべてのはじまりの一点は、すべての母であり、あたしはそれを**『愛』**って呼びたいよ。その**ひとつの愛から太陽や地球、花や動物、人間もあんたも生まれた**ってね。

AKIRA　インディアンは「花も蝶《ちょう》も鳥も動物も人間も母なる大地から生まれたきょうだいだ」っていってますし、ブッダの中心思想『縁』も「この世に単独で存在するものはない」っていってますね。

おてんとうさま　あんた『知識』はもってるけど、はらわたの底に落としこむ『知恵』になってないようだ。あんたの『知識』を『知恵』に変えていこうじゃないか。**『みんなでひとつの命を生きている』**という理由を説明しよう。

地球が誕生したのはいつだったっけ？

AKIRA　ほんと、おてんとうさまって数字おぼえてないですね。地球の誕生は46億年前で、最初の生命が生まれたのが40億年前といわれてます。

おてんとうさま　受験生じゃないんだから、数字なんかどうでもいいのよ。生まれたての地球は燃える火の玉で、**最初の生命は自分と同じコピーしかつくれない無性生殖**だったわ。自分とまったく同じクローンなので、寿命による『個』の死はなかったけど、海温が1度あがっただけで『種』がぜんぶ滅んでしまう。そこで生命は**『性』と『死』を発明**するの。

AKIRA　「発明」？　そもそも子供を誕生させる性と死って正反対じゃないすか。

おてんとうさま　『性』とは有性生殖によって個性のちがう子孫（多様性）を生みだすこと。『死』とは命のバトン（生殖細胞）をつぎの世代にわたして死んでゆくこと。つまり**『個』が死ぬことによって『種』が生きのびていく戦略**を選んだ。『性』と『死』の発明によって生命は永遠の命を手にいれたってわけ。それが**『みんなでひとつの命を生きる』という、『共存共栄』の本質**なんだよ。

AKIRA　ええっ、みんなを生かすために、自分が死ぬことを選んじゃったの⁉

おてんとうさま　個人主義とは反対に、**日本が『私益』よりも『公益』、『利己』よりも『利他』を優先**させるのは、生命誕生からつづく伝統なんだよ。有性生殖によって生みだした**『ちがい』によって『種』の全滅を防ぐ『多様性』**だって、『和の知恵』の基本よ。

AKIRA　だから日本は異なるものを排除せず、『ちがい』から学んできたのか。

おてんとうさま　ひとりひとりの個人をみても、**『ちがい』を拒む人は成長を止め、『ちがい』から学ぶ人が進化する**でしょ。

ＡＫＩＲＡ　ううん、わかる気もするんだけど、いきなり『和の知恵』のルーツがビッグバンとか、生命誕生にあるって話が壮大すぎて……。ちょっと時代を進めて、みんなが知りたい**「日本人はどこからきたのか?」**のルーツを教えてくださいよ。

おてんとうさま　じゃあ、楽しい宿題をあげるよ。あんたが腰を抜かすくらいおどろく日本人のルーツを自分で調べておいで。日本しか守ってない『近隣諸国条項』っていうのがあって、中国や朝鮮半島より古い遺跡が見つかっても近隣諸国に配慮して、教科書にはのせないのよ。

ＡＫＩＲＡ　ええー、神様なんだからぜんぶみてきたくせに。

おてんとうさま　あんた、神様にもね『人間配慮条項』っていうのがあって、人間が自分で発見した以上のことを教えると神様クビになるからね。つぎのレッスンまでに外国の研究者たちの最新情報を集めておいで。５か国語をあやつるあんたならできるだろう。

ＡＫＩＲＡ　わ、わかりました！

おてんとうさま　……ふっ、サルもおだてりゃ木に登るか。

ＡＫＩＲＡ　なんかいいいました?

五話　最古の文明は日本から生まれた!?

おてんとうさま　どうしたんだい、生き返った土左衛門みたいなツラして。おっとっと、よだれ！

ＡＫＩＲＡ　ずずっ、あまりのショックにまだ頭がくらくらします。
ぼくたちは、人類がアフリカをでたのが5万年前と教わりました。
しかし12万年も前に出雲《いずも》市民が、ちょこんといたんです。
島根県出雲市の砂原遺跡では、12万年前の打製石器（旧石器）が発見されたと。

おてんとうさま　へえ、出雲そばでも食ってたんじゃないかい。じゃあ、世界最古の文明は？

ＡＫＩＲＡ　ぼくたちは、世界最古の文明は6000年前のシュメール文明と教わりました。
でも静岡県沼津市の井出丸山遺跡からは3万7000年前の黒曜石でできた磨製石器がたくさんでてきちゃうんです。

おてんとうさま　ほう、ウナギでもさばいてたのかねえ。黒曜石の切れ味はカッターよりもカミソリに近いっていうからねえ。

ＡＫＩＲＡ　石を割ってできた打製石器を使ってたのが旧石器時代で、人間が加工した磨製石器が新石器時代ですよね。教科書で教わった新石器時代は1万年前なのに、千葉県酒々井町にある墨古沢遺跡では3万4000年前の石器加工工場跡が発見されてます。

さらに、静岡県で発見された黒曜石は本州から57キロもはなれた神津島のものでした。3万7000年前って氷期で陸に氷がはりついて海水面はいまより140メートルも低かったけど、伊豆半島と神津島は陸つづきではなかったんですよね。

……ということは、3万7000年前に船まであったということになりますよ！

伊豆半島の下田近くにある河津町の段間遺跡は神津産黒曜石の陸揚げ地だったらしく、約500キロもの黒曜石がでてます。

……ということは、注文を聞いて運ぶ世界最古の定期船てことじゃないすか！

おてんとうさま　まあ、熟練した船乗りじゃないと強力な黒潮に流されちゃうからね。

AKIRA　石器で木を削るのはたいへんだから、おそらく『古事記』でヒルコを流したとされる**葦船**《あしぶね》じゃないかと予想されています。

ぼくもペルーのチチカカ湖で葦船にのりましたが、一度お会いしたことがある冒険家石川仁さんは葦船で8000キロを航海したと聞いています。

神津島の黒曜石は千葉や東京や長野、三宅島や八丈島からも見つかっているんです。

おてんとうさま　ほうら、あんたたちの祖先が高い航海技術をもった海洋民族だったことがわかっただろ。

AKIRA　ってことはですよ、人類起源説はアフリカだったとしても、人類文明の起源は日本っってことになっちゃいますよ！

おてんとうさま　ああら、いいじゃない。そんなすごい祖先の末裔《まつえい》だって誇りに思えば。

ＡＫＩＲＡ　さらに調べていくとですね、日本人や文明は中国や朝鮮半島からきたという従来の説はＤＮＡ鑑定によって否定されてるので、残る可能性はふたつ。

アフリカから南ルートできたか？　日本から発生したか？

土地面積が小さいと人類は発生しにくいといわれてますけど、日本の３分の１しかないジャワ島でジャワ原人が発見されているし、日本から人類が発生した可能性はあっても、日本の土壌は酸性なので、骨が溶けちゃって残りにくいんです。

アフリカより古い７００万年前の猿人の骨が日本で発見されなきゃダメなんですよ。

チラッ。

おてんとうさま　ダメダメ、そんなおねだり目線送っても。タイムマシンができたときの楽しみにとっときなさい。

ＡＫＩＲＡ　じゃあ石器時代の日本人はどんな生活をして、どんなものを食べていた？

ガードかたいなあ。３万７０００年前は氷期だから、熱を体にためやすい大型獣のマンモスやオオカモシカなどを集団で狩っていました。狩りといっても、じつは落とし穴を掘ってハメたんです。いわゆる罠《わな》ですね。

大型獣を捕る落とし穴は全国で何百基も発見されていて、世界最古の落とし穴は鹿児島県種子島の立切遺跡で発見された3万5000年前の12基です。深さは1メートルくらいで、フラスコ形に工夫されていました。

なんか自分たちの祖先が野蛮な原始人から、とんでもない航海技術やテクノロジーをもった文明人にイメージが変わりましたよ。

おてんとうさま

世界最古の文明は日本からはじまったと思うとワクワクしてきます。

よくぞここまで調べあげたわね。あんたの情報収集能力は天才的よ！

AKIRA

つぎは石器時代よりもっとおもしろい縄文時代を調べてきてちょうだい。あんたの好きなアメリカ先住民にもつながってくるからね。

えっ、インディアンと縄文人がつながる!?　なんかおてんとうさまの手のひらでころがされてる気もしますけど、やってみます！

六話　縄文遺跡から武器がひとつもでてこない謎

おてんとうさま　あら、土左衛門の顔色が桜色になってるじゃないの。なんかいいことあったのかい。

ＡＫＩＲＡ　ええ、縄文時代には人類の希望がいっぱいつまっていました。順を追って話しますと、縄文時代は世界最長の文明です。1万7000年前から3000年前まで**1万4000年もつづいた文明**なんて人類史で縄文時代しかありません。**弥生時代から現代まではたったの2300年です。**

おてんとうさま　悪いけど、あたしは長生きしすぎて数字がおぼえられないのさ。

ＡＫＩＲＡ　ええ、知ってます。じゃあ、お金に換算してみますね。縄文時代は1万4000円。弥生時代から現代まではたったの2300円。

おてんとうさま　う～ん、お金も使ったことないからねえ。

ＡＫＩＲＡ　じゃあ、縄文時代は300円の牛丼を46杯分食えたのに、弥生時代から現代までは7杯分しか食えない！

おてんとうさま　あ、牛丼も食ったことないですね。なるべく数字は最小限でいきましょう。お手やわらかにたのむよ。

AKIRA　日本は東のはずれにある小さな島国です。国土面積は世界で60番目にもかかわらず、ほかの国の１００倍もある**9万531か所もの遺跡が**……あっ、数字ね。10万近い遺跡が見つかってるんです。ちなみにおとなりの朝鮮半島は50か所しかありません。10万円と50円です。

おてんとうさま　つまりあんたが教科書で教わった「文明は中国や朝鮮半島からはいってきた」んじゃなくて、**「文明は日本から大陸へ伝わった」**ってことかい。

AKIRA　そうそう、「稲作も３０００年前に弥生人が大陸から日本へもたらした」と教わったんですが、逆でした。岡山市の朝寝鼻《あさねばな》貝塚で６４００年前の稲のもみ殻プラントオパールが見つかってます。

おてんとうさま　歴史がひっくり返るねえ。

AKIRA　わざとらしいな、ぜんぶ知ってるくせに。46億歳だから忘れてんのか、ぼくをこきつかうためなのか。どっちでもいいけど、こっからが本番です。縄文時代が人類史最大のミステリーと呼ばれているのは、**約10万か所もある遺跡から、いまだに人を殺すための武器が1個もでてこない**ってことなんです！

おてんとうさま　待ってました！　それよ、それ。だってマンモスとか大型動物を殺す武器を使えば、人間なんかイチコロだと思うでしょ。ところがあたしの気まぐれで温暖化がはじまっちゃったのよ。地表の氷が融《と》けて海面があがり、氷期に適応したマンモスとか大型動

AKIRA　物がいなくなって、鹿やイノシシやウサギなどの小型獣に変わったわけ。だからか、矢尻や石の斧《おの》や石包丁とかいっぱいでてくるんだけど、刃の部分が小さくて対人用の武器としてはぜんぜん役に立たない。みんな小動物を狩るための武器なんですね。このあとも縄文遺跡から対人用の武器が発見されなければ、**『戦争や争いは人間の本能ではない』**という人類の希望になりますね。

おてんとうさま　あら、いいことというじゃない、あたしは人間を残酷につくったおぼえ、ないもの。

AKIRA　温暖化で大型獣がいなくなり、食性の幅が広がったからこそ、土器が生まれた。その土器こそが人類に革命を起こした。

青森県の大平山元Ｉ遺跡《おおだいやまもといちいせき》から1万6500年前の世界最古の土器が発見されてます。

おてんとうさま　それまではどんなふうに調理していたんですか。

AKIRA　まあ、直火《じかび》でバーベキューしたり、焚《た》き火で熱した石で焼いたり、葉っぱにくるんで焚き火の下の地面に埋めたりくらいだったろうね。

土器で煮炊きができることによって食事のバリエーションが増え、調理時間が短縮され、そのあまった時間によって文明が生まれた！

画家岡本太郎が絶賛した火焔《かえん》型土器や宇宙服という説もある遮光器土偶がつくられた。

おてんとうさま　よっ、名調子！　縄文時代のファッションはどうよ。

AKIRA　毛皮の原始人なんてウソでした。女性の埋葬跡からは刺繍《ししゅう》がほどこされた布製の

おてんとうさま

服、装飾的な勾玉《まがたま》ネックレス、イヤリング、ブレスレット、漆塗りのくしまでみつかってます。現代の女性よりも個性的でファッショナブルだったと思われます。

じゃあ、偉大なる祖先たちがなにを考え、どんな宗教観や死生観をもっていたか、踏みこんでいこうかね。

七話　人は神様になる修行をするためにこの世にやってくる

ＡＫＩＲＡ　縄文集落は墓地を中心に円形に住居が配置されていました。生と死の境があいまいで、死者とともに生きていたってことですかね。

おてんとうさま　そう。さらにいうと、神は亡くなった『祖先』たちの想《おも》いを伝えてくれる。『祖先信仰』とか『祖霊信仰』っていうやつですか。うちの仏壇には、亡くなった両親、祖父母、曽祖父母の写真を飾って、ぼくもお線香あげてますよ。

ＡＫＩＲＡ　それ、それ！　おどろくべきは、**1万7000年前から現代に至るまで、日本人の祖先信仰は受けつがれてる**って事実ね。

おてんとうさま　す、すげえな。ぼくがあたりまえのようにお線香をあげてたことが、縄文以来の信仰だったとは！　しかもうちの仏壇には縄文土偶も飾ってあった！

ＡＫＩＲＡ　**「亡くなった家族や祖先は、残された子孫を守ってくれる」**と、むかしもいまも信じているのよ。縄文の信仰を受けついだのが『神道』ね。人がこの世に生まれてくる理由も、生きる目的もちゃんと説明してくれるの。神道では**『かんながらの道』**といって、神のみ心のままに進む道とか、神さながらの生き方という意味よ。

人は神様になる修行をするためにこの世にやってくる。だから、**つらいことや困難なことがあるほど高い位の神様に近づける**ってね。

AKIRA　そうか、日本の神様は祖先たちだから、800万人もいるのか！

おてんとうさま　『おてんとうさまに恥じない生き方』は、自分に命のバトンをくれ、見守る神様である**『祖先に恥じない生き方』**でもあるんだよ。

古代日本人の宗教観はもうひとつ、**『太陽信仰』**ね。生きとし生けるものを育む太陽を敬い、太陽にいちばん近い場所を目指して、世界中から人々が日本列島に集まってきたという説もあるわ。

AKIRA　青森県三内丸山遺跡の3階建てマンションに匹敵する6本柱も、秋田県鹿角市の大湯ストーンサークルも、イギリスのストーンヘンジも、エジプトのピラミッドも、マヤのピラミッドも、世界中の遺跡が、日照時間が最長になる太陽のピーク、**夏至**と、日照時間が最短になり、太陽が死からよみがえる**冬至**を計算してつくられてるの。

縄文土器がペルーやエクアドル、カナダやアフリカ、いろんなところで見つかってるじゃないですか。アメリカ先住民ホピ族の伝説にも「三度目の洪水がおさまると、絶対神マサウに率られて葦船で島から島を移動し、現在のアメリカ南西部の土地へ到着した」とあるんですよ。

おてんとうさま　アメリカ大陸に縄文人がわたっていったというのはありえるね。

AKIRA　なぜかぼくは40年もかけて世界中の先住民やシャーマンばっかり追っかけてきたんですよ。だからむっちゃ調べました。そしてなぜぼくが先住民にひかれるのかの謎が解けたんです！

おてんとうさま　ほう、あんたの40年間の謎の答えが聞きたいね。

AKIRA　7300年前に九州南部の鬼界カルデラが大爆発（アカホヤの大噴火）を起こし、日本列島は有害な火山灰が東北にまで積もり、森と海から食料が消えます。縄文人たちは壊滅的被害を受け、日本列島から逃げだしました。

エクアドルで縄文に似た土器がつくられるのは5500年前だし、稲作の長江文明と、「葦原の主」（キエンギ）と自分たちを呼んだシュメール文明が6000年前ころに突然起こっているのも謎です。

おてんとうさま　なにしろ世界最初の文明シュメールよりも3万年も前から黒潮をあやつる海洋民族だからねえ。高い文明をもった縄文人たちが世界中に散っていき、その地で文明を広めたという可能性は否定できないわね。

AKIRA　インディアンやインディオの赤ちゃんのお尻には日本人と同じ青い蒙古斑《もうこはん》があるし、アメリカのオレゴン州にある1万4500年前の遺跡やシアトルで発見された9500年前の人骨からも縄文人に近いDNAが見つかっています。

おてんとうさま　ほう、あたしからすると、40年も前に、日本人とアメリカ先住民のつながりを嗅ぎ分けたあんたの直感におどろくけどね。

AKIRA　いえ、いえ、いちばんおどろいてるのは、ぼく自身ですから。中国で3世紀に書かれた『魏志倭人伝《ぎしわじんでん》』では、日本を『倭国』、そこに住む海洋民族を『倭人』と呼んでいました。『倭国』から1年かけて航海すると『黒歯国』や『裸国』があり、潮の流れを計算すると、ペルーやエクアドルなどの南米太平洋岸地域と予想されてるんです。

おてんとうさま　ってことはなにかい、アカホヤの大噴火前から、南米にも海洋民族の『倭人』がわたっていったと。

AKIRA　むかしすぎて調べようがありませんが、可能性は大ありです。なぜかというと、ぼくの旅したアマゾンのインディオをはじめ、南米の先住民や太平洋の島々は縄文人と同じように、円形集落をつくり、中心には祖先の墓がありました。先住民は日本人と顔もそっくりだし、静かでひかえめな物腰も同じなんです。
キリスト教に占領されましたが、祖先信仰や自然信仰も祭りやシャーマンの儀式にしっかり残っています。アメリカのナバホ族に『**ホゾ**』という言葉があって、「**美、調和、平和**」を意味するんです。まさに『**和**』と同じじゃないすか。

おてんとうさま　恐れ入谷の鬼子母神！　よくぞここまで読み解いた。
滅亡へむかう競争社会に唯一対抗できるのが、**日本人だけでなく、先住民や古代人み**

んながもともともっていた『和の知恵』なのよ。

AKIRA　なんかスケールが壮大になってきちゃったけど、自分で調べたおかげで本気で学びたくなってきました！

数字の苦手なあなたへ、考古学的発見まとめ

石器時代

12万年前の打製石器（島根県出雲市の砂原遺跡）

3万7000年前の神津島産の黒曜石でできた磨製石器（静岡県沼津市の井出丸山遺跡）

約500キロの神津島産の黒曜石（静岡県河津町の段間遺跡）**世界最古の定期船？**

3万5000年前の落とし穴12基（鹿児島県種子島の立切遺跡）

3万4000年前の石器加工工場（千葉県酒々井町にある墨古沢遺跡）

縄文時代　1万7000年前から3000年前までの1万4000年間

弥生時代から現代まで　2300年間

国土面積世界60番目のせまい日本列島で**9万531か所の遺跡**　朝鮮半島は50か所

6400年前の稲作跡（岡山市の朝寝鼻貝塚）

9万531か所の遺跡から、人を殺す武器が1個もでてこない

1万6500年前の土器（青森県の大平山元Ⅰ遺跡）

第二章 こんなにも深くて尊い和の価値観

八話 「こんにちは」「おかあさん」は太陽が語源だった！
九話 神の名前はキャバクラの源氏名!?
一〇話 並はずれたテクノロジーをもっていた古代日本人
一一話 『努力、忍耐、根性』は悪徳である
一二話 どうか国民だけは助けてください！
一三話 雑草という草はない
一四話 生きる意味のない人生などひとつもない

八話　「こんにちは」「おかあさん」は太陽が語源だった！

〈手術2日前〉

AKIRAのひとりごと

ふあ〜、切腹まであと2日かあ。

検査入院でプラスチックのヘビみたいな胃カメラを口からグイグイいれられ、涙もよだれもダーラダラ。チューブのなかからマジックハンドが伸びてきて、病変組織をとりだすなんて、SF映画も顔負けだ。

潰瘍のまわりを4か所とって検査をすると、5段階評価の『5』がふたつ、確実にガンとでちまったよ。ああ……やっぱぼく、死ぬのかなあ。

ひとりで考えてると、眠れないよ。もうちょっとで夜が明けるな。

いつの間にかおてんとうさまを待ってる自分におどろくわ。

おてんとうさま

おはよう〜、かわいい息子ちゃん。さっ、いつまでもこんな病室に閉じこもってないで、屋上の空中庭園で朝日をながめましょう。

AKIRA　ろくろ首のようにして、お待ちしておりました〜。

おてんとうさま　あのう、歴史もむっちゃおもしろかったんですが、そろそろガンを治す自己啓発的なアドバイスもいただきたいんですが。

AKIRA　ああ、一一話くらいから自己啓発の絨毯爆撃でいくから、安心おし。この八話から一〇話までは「なぜ日本の知恵を太陽が説くんだよ？」という、切っても切れない日本と太陽のラブラブ関係を語らせておくれ。これがあとからボディーブローのように効いてくるんだ。ほっほっほ。

おてんとうさま　屋上にでると群青の夜が白みはじめる。雲にはりめぐらされた毛細血管が充血し、世界を見守る巨大なまなこが開いてゆく。おおっ、これが聖徳太子のいった太陽が昇る国か！

AKIRA　聖徳太子が大国だった隋《ずい》へ「**日の出《い》ずる処《ところ》の天子**より日の没する処の天子へ」と挑むような手紙を書き、飛鳥時代（7世紀ごろ）に**太陽の大もとである「日本」**という国号が制定されたよ。

おてんとうさま　英語の『ジャパン』はなんですか。

AKIRA　あれはマルコ・ポーロがたどり着いた元の人民が漢字の日本を『ジッポン』と呼んでいたからだといわれてるわ。国号と同時期に太陽の国旗**「日の丸」**ができたんだけど、平安時代の源平合戦では、源氏が白地に赤の日の丸、平氏が赤地に金の日の丸だったので、平氏が勝っていたら、赤地に金の日の丸が国旗になっていたかもしれないわね。

AKIRA　日の丸は世界200か国の国旗のなかでも最高のグッドデザイン賞でしょう。

おてんとうさま　あのシンプルさが粋ちょんよね〜。「日の丸」は、1874年にイギリスから「著作権を500万円で売ってくれないか」とオファーがあり、フランス、オランダからも買収話がきて、明治政府がはねつけたそうだね。

AKIRA　当時の500万円って相当な値段だろうけど、貧乏な明治政府よくがんばった！

おてんとうさま　戦後、日の丸はGHQに『ミートボール』とあだ名され、国旗掲揚は原則的に禁止されてたの。

AKIRA　『ミートボール』って差別バリバリのジョークだけど、『梅干し弁当』に近いかも。

おてんとうさま　おっほっほ、とにかく日本人みたいに太陽が大好きな民族、世界にいないわよ。
「こんにちは」や「さようなら」の語源も太陽ね。むかしはどの地方でも太陽のことを**「今日様」**と呼んでいて、高知の土佐では「こんにちさん」、新潟の刈羽では「こんにっさん」、岐阜では「こんにっつぁま」などと親しまれてきた。
「こんにちは、お元気ですか？」の**『元気』は太陽エネルギー**で、「やあ、太陽の子供さん、太陽から元の気をもらってますか？」って意味よ。
「さようなら、ごきげんよう」も「太陽と機嫌よく暮らしてね」という意味なの。

ＡＫＩＲＡ　えー、日本人て太陽オタク、「ザ・太陽ピープル」みたいな国だな。

おてんとうさま　ついでに『おかあさん』の語源も太陽よ。**『かっか』は太陽が燃える様子**をいう擬態語で、母を『カカさま』『かかあ』『かみさん』『おっかさん』などと呼ぶでしょ。

ＡＫＩＲＡ　子育て中のおかあさんはしょっちゅう『かっか』してますものね（笑）。

おてんとうさま　子を産み育てる母は燃える太陽そのもので、日本の子供は母親を『太陽さん』と慕っていたのよ。

ＡＫＩＲＡ　まあ、現代のぼくたちも、昇る朝日に思わず手を合わせてしまう感覚が残ってますしね。

おてんとうさま　「日本人はクリスマスを祝い、寺で除夜の鐘を聞き、神社へ初詣する」なんて外国人は笑うけど、無宗教ではなく**『自然信仰』**なのよ。

ＡＫＩＲＡ　じゃあ、自然の代表であるおてんとうさまの『太陽信仰』ってなんなんですか？

九話　神の名前はキャバクラの源氏名!?

おてんとうさま　**大むかしは人類全員が太陽信仰だった**からね。

ギリシャのアポロン、ローマのソル、北欧のソール、エジプトのアテン、ヒンドゥーのヴィシュヌとか、店を転々とするキャバ嬢みたいに源氏名あげたらきりない。

ＡＫＩＲＡ　げげっ、神の名前はキャバクラの源氏名だったのか!

おてんとうさま　電気もない古代人にとって太陽は死活問題だったからさ。種まきの時期を決めたり、冬の食料の準備をはじめたり、川の氾濫時期も見極めなきゃならない。現代人からは想像もつかないくらい太陽を敬い、観察して、太陽の運行に合わせて生活していたはずさ。

ＡＫＩＲＡ　最近の研究では太陽の影響がひき起こす異常気象や不作、飢饉《ききん》や疫病が歴史的事件を誘発したっていわれてますね。１７８３年に浅間山とアイスランドのラキ火山の大噴火が起きて、農作物がとれなくなり、１７８０年代の天明の大飢饉、フランス革命、ナポレオン戦争が起きたと。

アメリカ独立戦争、ロシア革命なども太陽の影響だったことが指摘されてますよ。

ぜんぶおてんとうさまが黒幕だったんですね〜。

ＡＫＩＲＡ　そりゃあ、あたしだって元気になったり弱ったり、11年周期で黒点活動のしみソバカスも増えるわ。あたしが弱ると地球が冷えて、農作物ができないと社会不安になり、大きな変革が起きるわね。でも人類はたくましいから、それを進化のバネに変えてきたんじゃない。

おてんとうさま　いや、せめてないっすよ。あらためて偉大なるおてんとうさまの前では人類なんかちっぽけだなと思い知らされます。

ＡＫＩＲＡ　戦国武将が信じてたという、ちょっと怖そうな**『天道思想』**ってどんなんですか。

おてんとうさま　織田信長や豊臣秀吉、徳川家康などの戦国武将たちは、勝つか負けるかのギャンブラーだからね。**天運や天命を司《つかさど》る神様として『天道』を信仰した。**キリシタン大名でさえ、**キリスト教の神を『天道』と呼んで布教してた**のさ。延暦寺のような仏教の大寺院でも、**「天道は至高の存在」として仏の上におかれていたし**ね。でもあたしは武将たちの『天道思想』は嫌いだね。戦の勝敗や人の生死はすべて『天道』が決めているっていうんだから。人を罰する神なんて、まるで最後の審判をくだす一神教みたいじゃないか。

武将たちより庶民のほうがもっとおおらかに太陽を敬ってくれたよ。

ＡＫＩＲＡ　へえ〜、庶民の太陽信仰ってどんなだったんですか？

一〇話　並はずれたテクノロジーをもっていた古代日本人

おてんとうさま　『耳なし芳一』などの怪談で知られるギリシャ生まれの作家ラフカディオ・ハーン（小泉八雲）は、いつ日本にきたんだっけ。検索して。

AKIRA　はい、1890年に来日し、日本人のセツと結婚して4人の子供をもうけているとありますね。

おお、出雲《いずも》での日の出の風景をこんなふうに書いてますよ。

「今や柏手《かしわで》の音はますます数を加える。パンパンと鳴るその音はまるで一続きの一斉射撃かと思われるほどに激しさを増す。というのは、人々は皆お日様、光の女君であられる天照大神にご挨拶申し上げているのである。こんにちさま。日の神様、今日も御機嫌麗しくあられませ。世の中を美しくなさいますお光り千万有難う存じまする。たとえ口にはだなさずとも数えきれない人々の心がそんな祈りの言葉をささげているのを私は疑わない」

おてんとうさま　はあ、あのころは幸せだったわねえ。思いだしただけでもうっとりするよう。

AKIRA　まるでみんながおてんとうさまの家族のようですねえ。

おてんとうさま　そうそう、こんなおもしろい話もあるの。

沖縄では子供を『てぃだぬふぁ』、太陽の子って呼ぶじゃない。

あれ太陽の光によって子供を授かる**『日光感精神話』**からきてるの。

たとえば喜界島の神話では、機織りばかりして外へでたことのない女性が突然妊娠して男の子を産む。その子は父なし子ってからかわれるので、母に聞くと「あなたの父は天の神様だ」という。その子がロープを伝って天の父に会いにいくと、「おまえは人間を助けるために人間の世界に帰りなさい」といわれ、天の子の証明である双紙をもらって人間界へもどる。

太陽の光で太陽の子を授かる神話は、環太平洋やトンガなどの島々にも残ってるよ。

AKIRA　おお、ぼくの友人で神津島生まれの作家・咲弥は性行為なしで男の子を授かりました。彼女が28歳のころ、夢に子供があらわれ、33歳で妊娠するというんです。

しかしパートナーもいないまま33歳のクリスマスに、女性から青い産着を着た子供をわたされる受胎告知のビジョンをみました。

急に胸がはり、生理が止まり、妊娠検査薬でみると妊娠、出産！

いまもその男の子は元気に暮らしてますよ。

おてんとうさま　まあ〜世の中、不思議なことだらけね。

『太陽の道』と**『ご来光の道』**っての、検索して。

AKIRA　**『太陽の道』**ってのが伊勢神宮を中心とした「北緯34度32分」にあって、その直線上に太陽祭祀《さいし》の重要な遺跡が55キロにもわたってならんでいますね。**『ご来光の道』**ってのは、静岡県の富士山と鳥取県の大山を結ぶ北緯35度22分、なんと470キロにもおよぶ直線で、春分と秋分にはこのラインから太陽が昇り沈む。ライン上には出雲大社をはじめ、意図的におかれた重要な神社がならんでいる。ぼくもペルーにあるナスカの地上絵をプロペラ機からみておどろいたんですけど、日本のほうが何百キロ規模でスケールでかすぎっ！

おてんとうさま　いちばんおもしろいのは、**奈良の大和三山の香具山と畝傍山と耳成山は正確な二等辺三角形で、底辺を二等分した直線に三輪山がある。**整数比のピタゴラスの三角形にぴったりなのよ。

AKIRA　そんな偶然なんて絶対ムリでしょ。大規模な造山工事とかしなきゃ。飛行機や人工衛星もない時代に、とんでもない測量技術と土木技術をもった人たちがいたってことか。……もしかして宇宙人？　チラッ。

おてんとうさま　いやいや、あんたの誘導尋問にはのらないっていってるでしょ。話を民間の太陽信仰にもどすと、千葉県では『天道念仏』を唱え、豊作を祈る農耕儀礼があったわ。兵庫県西部の播磨地方では、春の彼岸に太陽の動きにしたがって歩く「日《ひ》の伴《とも》」という行事がおこなわれていた。

AKIRA　長崎県対馬では、『天道の祭り』で太陽と天道山を拝み、豊作を願っていた。

おてんとうさま　ぜんぶ過去形なのはもう太陽信仰の行事はおこなわれてないってことですね。
ふう～、人工太陽の原子力発電で電気ついちゃうし、太陽パネルもコスト高いし。太陽のありがたみもうすれていくよ。

AKIRA　神様がいじけないでくださいよ。
人間が自然からはなれていくとやっぱヤバいんですか？

おてんとうさま　そうねえ、テクノロジー自体は悪くないのよ。
古代のテクノロジーは『共存共栄』のベクトルだったけど、現代のテクノロジーは『弱肉強食』のベクトルになってる。
自然界の法則と人間界の法則がどんどんはなれていってるよ。はあ～。

AKIRA　いつもみんなに元気をくれるおてんとうさまらしくもない。ため息ばかりついてないで、自然界と人間界の法則のちがいを具体的に教えてくださいよ。ほら元の気をだして！

おてんとうさま　はっ、あんたやるね。ひさびさに神様を励ましてくれる人間に出会えたよ！

一一話『努力、忍耐、根性』は悪徳である

おてんとうさま　自然界と人間界のちがいをあげろっつうと、たとえば**努力、忍耐、根性**なんか、人間界では美徳でも、**自然界じゃあ悪徳**だからね。

ＡＫＩＲＡ　ええっ、そんなスーパー3大美徳のどこが悪徳なの⁉

おてんとうさま　動物は自分を喜ばせることしかしない。努力もしないし、根性もいらない。**忍耐なんて死を意味する**からね。人間はいじめが待ってる学校に通い、理不尽な上司に歯を食いしばって耐えつづけるなんて、自分で自分に鞭《むち》打ってヒイヒイ喜ぶドＭのようさ。あんたも不眠不休で被災地支援ライブをやりつづけてきて、ミイラとりがミイラになったドＭだね。

ＡＫＩＲＡ　ドＭはひどいな。ぼくだって、人様のお役に立ちたいとがんばってきたのに。

おてんとうさま　おっと、**「がんばる」の語源は「我を張る」**だよ。そんじゃあ聞くけど、あんたがもしも健康になったら、なにがやりたい？

ＡＫＩＲＡ　そうですねえ、また被災地の支援ライブをつづけます。

おてんとうさま　そりゃあ、何度でも死ぬぞ！

AKIRA　えっ、『和の知恵』は私益より公益とかいってたくせに。

おてんとうさま　かんちがいしちゃいけないよ。『共存共栄』はともに生きるってことだ。あんたががんばりすぎていま死ぬより、健康になって長生きしたらもっとたくさんの人が助けられるじゃないか。あんたは、自分を犠牲にして人を助ける**『自己犠牲の罠《わな》』**にハマってるんだよ。

AKIRA　罠って！　自己犠牲は人間としてとても崇高な行為でしょ⁉

おてんとうさま　あんたのおつむが人間界のルールでも、体は自然界のルールで働く。あんたの生き方が『自然に反している』って体が教えてくれてるんだよ。

『癌《がん》』って漢字は、やまいだれの下に『品』物を『山』ほど抱えるって書くだろ。いろんなものをひとりで抱え、マジメにがんばりすぎちゃう人に多いのさ。江戸っ子は、**「マジメになるが人の衰え」**なんていってね。**『マジメ』も『がんばる』も『がまん』も『自己犠牲』も、ガンの大好物**なのさ。

AKIRA　ガァーン！　いままで信じてきたものがぜんぶひっくり返る〜。

おてんとうさま　自分がいちばん喜ぶことをやり、その結果、他人も喜ぶ、**『喜びの循環』を生きなさい。それが『共存共栄』の本質**さ。

AKIRA　ふう〜、もうがんばらなくていいのかあ……。肩の荷がすうっと下りた気がする。

おてんとうさま　あらあ、様子がいいねえ。こり固まったガン細胞がほぐれはじめてきたようだ。

一二話　どうか国民だけは助けてください！

おてんとうさま　よしよし、いい子だ。顔をあげて屋上の空中庭園をながめてごらん。

AKIRA　ほら、こんなに世界は美しいだろ？　あんたが落ちこんでいるときも、**世界はいつでもあんたのために、惜しげもなく美をさしだしてる。**

おてんとうさま　ああ、まぶしい太陽に草花たちが輝いて、風に踊っているみたいだ。

AKIRA　ほうら、菜の花にカタクリ、チューリップからクロッカスまで咲きはじめてるよ。

おてんとうさま　花の名前に、くわしいんですね。

AKIRA　あたりまえだろ、この世にあるのはぜんぶあたしの子供たちなんだから。

おてんとうさま　ぼくなんか、みんな雑草にみえますわ。

AKIRA　なにい、雑草だって⁉　じゃあ、あんたは昭和天皇がどういう人か知ってるかい？

おてんとうさま　あれっ、天皇家の祖先って、アマテラス……おてんとうさまじゃないですか。

AKIRA　で、おてんとうさまの子孫の昭和天皇は、どんな人物だったんですか。

おてんとうさま　あんたやこの草花と同じくらいかわいいい子だよ。太平洋戦争で、いちばん心を痛めていたからね。

AKIRA
アメリカは天皇制を廃止して、戦争の元凶である昭和天皇を処刑する方針だった。昭和天皇は燕尾服《えんびふく》の正装で、通訳だけを連れ、司令官マッカーサーに会いにいく。マッカーサーは天皇が命乞いにきたと思ったね。なぜなら第一次世界大戦で、マッカーサーの父親がドイツに進駐したとき、敗戦国ドイツの皇帝ヴィルヘルム2世が「戦争はすべて国民の責任です。自分の命は助けてほしい」って、財産を列車につめこみオランダに亡命したっててんまつを、子供のころ父から聞いていたんだよ。

おてんとうさま
で、昭和天皇はなんていったんです？

AKIRA
「私の命は、首吊《くびつ》りも銃殺も戦勝国の判断に任せます。ですが、どうか国民だけは助けてください！」と、気をつけして、深く頭をさげたまま、頭をあげない。
マッカーサーは「私は大きな感動に揺すぶられた。死を伴うほどの責任、それも私の知り尽くしている諸事実に照らして明らかに天皇に帰すべきでない責任を引き受けようとする、この勇気に満ちた態度は、私の骨の髄までもゆり動かした」と回顧録に書いている。
副官の証言によると、マッカーサーは、「天皇を殺すことは、イエス・キリストを十字架にかけることと同じだ」といったそうだ。

おてんとうさま
はあ、やっぱ国民の頂点に立つ人はすごいんですねえ。

AKIRA
ちがうよ、天皇だからすごいってんじゃねえ、ひとりの人間として、ううっ……。

AKIRA　えっなに、神様のくせに涙ぐんでんすか（笑）。
おてんとうさま　てやんでい、神様が泣くわきゃねえだろ。水蒸気が冷却されて落下しただけでい。
AKIRA　はっ、雨のことか。それにしても負けず嫌いな神様だな。
ところで雑草の話はどうなったんですか？
おてんとうさま　おっと、その話で植物学者の昭和天皇を思いだしたんだった。

一三話　雑草という草はない

おてんとうさま
皇居の御座所には、風に吹かれて運ばれたいろんな種が花を咲かせる。

休暇からもどってこられた昭和天皇に、侍従の入江氏はあやまった。

「まことに恐れ入りますが、雑草が生い茂っておりまして、随分手を尽くしたのですが、これだけ残ってしまいました。いずれきれいにいたしますから」

昭和天皇は侍従たちにやさしく接していたけど、少しきびしい口調でいった。

「雑草という草はありません。**どんな植物でもみな名前があって、それぞれ自分の好きな場所で生を営んでいる。**人間の一方的な考え方で、これを雑草として決め付けてしまうのはいけない。注意するように」

AKIRA
まさか昭和天皇は、自分も国民と同等だと考えていたんですか⁉

おてんとうさま
ああ当然さ。このエピソードこそ日本の恐るべき平等思想なんだよ。
世界中の神話のなかでも神様まで庶民といっしょに労働してるのは日本くらいのもんさ。アマテラスだって田植えや機織りしてんだから。
出雲大社の大国主の国ゆずりのとき、武神として名高いタケミカズチはこういった。

「日本は**『シラス国』**だから、**『ウシハク国』**をやめて、ゆずりなさい」ってね。『シラス』は知らせる、国民と一体になるって意味で、『ウシハク』は支配する、独裁って意味さ。

AKIRA じゃあなんで世界中の王朝が目まぐるしく交代するなか、天皇制だけ2680年もつづいてこれたんですか。

おてんとうさま 天皇制は「歴史の奇跡」と世界が驚嘆した『和の知恵』そのものだね。
おとなりの中国の支配者も、隋（モンゴル人）・唐（モンゴル人）・宋（トルコ人）・元（モンゴル人）・明（漢人）・清（満州の女真人）と、王朝が変わるたびに殺戮《さつりく》と侵略で人口が激減するのをくりかえしてきた。
多民族国家、中華人民共和国の歴史は七十数年しかない。しかし日本だけは2680年もつづく世界唯一の単一王朝国家。
天皇という最高権威をすえ、**国民は天皇の大《おほ》御《み》宝《たから》**とし、政治家は天皇から預かった国民が幸せに暮らせるようつくす、しもべにすぎない。
この二重構造システムでは政治家は絶対権力をもてないし、不正もできない。

AKIRA へえー、うまくできてるんすね。

おてんとうさま 天皇制がない他国では権力を握った政治家が私利私欲に走って賄賂や不正で退陣するのが世界の常識よね。天皇制は人間心理を読みきったおどろくべき『和の知恵』なのさ。

歴代の王が横暴をふるっていたイギリスがやっと「国王は君臨すれど統治せず」をとりいれたのは日本より２０００年以上おくれた18世紀だからね。

日本は天皇と国民が一体になってつくってきた、**世界でも類をみない平等の国**なんだよ。

一四話　生きる意味のない人生などひとつもない

おてんとうさま　この屋上から団地や家がみえるだろ。ひとつひとつの窓のなかには愛と葛藤の人間ドラマがある。どうだい、宝石箱のように美しいじゃないか。

ＡＫＩＲＡ　あの団地が宝石箱ですって。すすけた建物にいろんな人が密集して住んでいる。宝石箱というよりは、びっくり箱でしょ。それに、金持ちは団地ではなく、大きなお屋敷やタワーマンションに住むっていうのが、この国の決まりですよ。

おてんとうさま　やれやれ、あんたの頭も競争社会にどっぷり汚染されてるねえ。
個人主義でつくられた競争社会は、『和の知恵』と正反対の価値観を刷りこんできた。
人間の価値は『富』と『名声』と『成功』だっていう3つの呪いさ。

1、**たくさんお金を稼ぐ人**（成功者や高所得者）
2、**名声を手にいれた人**（有名人や政治家、タレントやスーパーアスリート）
3、**成功をおさめた人**（企業の社長や偉人、発明家や発見者）

AKIRA　えっ、人間の価値はこれでしょう。いったいどこが呪いなんですか。

おてんとうさま　それじゃあ、あんたは3つのどれかを手にしたのかい？

AKIRA　まさか、ぼくにはそんな価値ありませんよ。

おてんとうさま　ほうら、自分で自己否定してるじゃないか。この呪いの裏に隠されているのは、こんなにも残酷な言葉さ。

『富』と『名声』と『成功』をもってない、あんたは価値のない人間だ！　って。

AKIRA　……そんなあ、ぼくは価値のない人間だから努力しようとしてきたんです。みんなセミナーや自己啓発本でその3つを手にいれるためがんばっているんですから。向上心をなくしたら人間終わりじゃないすか。

おてんとうさま　**あんたが『自分の考え』と思ってるもののほとんどは、社会や他人の刷りこみ**なのさ。30万種もある植物で1軒の花屋で売られているのは30種くらいだね。いいかい、地球を支えてるのは、花屋でお金にならないような、名もなき草花たちだろ？　**人間世界を支えてるのも、『富』も『名声』も『成功』もない、名もなき命たち**なのさ。

AKIRA　ああ……ぼくが何十年も後生大事に信じてきたものは、競争社会の洗脳だったのか。

おてんとうさま　あの団地に住む人たちは、セミナーにもいかず、自己啓発本も読まず、愛する家族を養うために汗を流して働いて、かわいい子供を必死で育ててあげ、老いてく親の介護をして、仲間と助けあいながら1日1日をせいいっぱい生きている。
そんなすばらしい人間に、生きている価値はないんかい？

おてんとうさま
賞賛されない人生に、生きる意味はないんかい⁉

AKIRA
そ、そこまではいってませんよ。

おてんとうさま
貧困や借金に苦しむ人々も、孤独な老後を送る人たちも、やむを得ず犯罪に走る人さえも、小さな命を抱きしめて一生懸命生きてる。
あたしゃあ、犯罪者だろうが、虐待した母だろうが、不登校だろうが、ひきこもりだろうが、病人だろうが、障がい者だろうが、平等に光を注ぎつづけてきた。
50億年後に太陽が消滅するまでいいつづけるよ。
価値のない人間なんてひとりもいない。
生きる意味のない人生なんてひとつもないってね！

AKIRA
……（絶句）。

おてんとうさま
あんたがさ、つらい試練を何度も乗り越え、闇にうずくまる人たちを命がけで助けてきたのを知ってるよ。
そんなあんたを、いったい誰がつまらない人間ていえるんだい。
世界にたったひとりのあんたは、あんたのままで最高の価値があるんだよ。

第三章 祈り、感謝、自愛、そして美しい想い出

一五話 驚異の祈りプロジェクト
一六話 『御陰様』を信じたほうがお得！
一七話 この世に生まれる確率
一八話 エゴイスティックに『感謝力』
一九話 升酒タワーの絶対法則
二〇話 病は『命への感謝』を思いだすためのメッセージ
二一話 人生は『美しい想い出』を残すためにある

一五話　驚異の祈りプロジェクト

〈手術前日〉

AKIRAのひとりごと　いよいよ明日は切腹だ。胃ガンを切りとる開腹手術は、みぞおちからヘソの下まで20センチも切り裂かれるって。胃袋も「半分以上なくなるのを覚悟してください」っていわれたよ。

テレビではずっと1年前の今日に起きた東日本大震災のニュースが流れてる。襲いかかる運命に人はほんろうされ、1万6000人近い魂が世を去った。災いの日と手術日が重なるシンクロを不吉ととるより、ぼくが励ました人々の亡くなった家族が応援してくれるって考えたいな。

おてんとうさま　てえへんだ、てえへんだ、えれえことになってるよ！

AKIRA　なに、おぼれかけたオットセイみたくあわててんですか？

おてんとうさま　これがあわてずにいられるかいっ。明日あんたの手術時間に合わせ、北と南の聖地から最強の祈りが届くのさ。

北の大地のグレートマザー、アシリ・レラさんが北海道二風谷《にぶたに》であんたのためにアイヌの祈り『カムイノミ』をおこなう。南の屋久島からは写真家でネイチャーガイドの鈴木洋見《ひろみ》さんがネットで大規模な『祈りプロジェクト』を呼びかけている。「今までAKIRAさんは、ぼくの母親をはじめ、たくさんの人を『祈りプロジェクト』で救ってきました。今こそAKIRAさんに恩を返すときです。明日の手術時間、午前9時半から12時半に祈ってください」ってね。

ほかにも「祈りプロジェクト」が4か所で立ちあがり、海外をふくめ、なんと数万人があんたのために祈るっていうじゃないか。おまえさん、いったいナニモンだい⁉

AKIRA

何者というか、AKIRAです。ぼくは知りあいが病気になると、ネットで祈りを呼びかけていたんですよ。肺ガンになったAさんは、数千人に祈ってもらい、切開したらガンが消えてました。

Yさんの12センチあった乳ガンは、みんなの祈りで2センチに縮まりました。北海道のKさんは病院を抜けだし、ぼくのライブで観客に祈ってもらい、急性骨髄性白血病が消えました。ぼく自身、祈りの効果におどろいてます。

おてんとうさま

祈りの語源は神の「意にのる」や、アイヌ語の「イノンノ」(祈る)などといわれる。

祈りは、迷信でも魔法でもない。人が祈ってくれることで『愛されていない』という心理的ストレスが消え、『孤独』というメンタル・ブロックがはずれ、**『感謝』という自己治癒能力が目覚めていく**のさ。祈りは『和の知恵』の伝統だよ。天変地異や疫病を鎮めるため、奈良の大仏を庶民の寄進によって建てたり、東大寺などに僧侶を集めて読経したり、全国の神社で大がかりなお祓《はら》いをおこなったり、全国に国分寺などを建立したのさ。

AKIRA

いまでも家族が病気になれば、神社やお寺で祈りますよね。

ぼくが調べた祈りの治療効果ではアメリカ人医師であるラリー・ドッシー博士の研究が、**祈りの法則**をこうまとめています。

1、祈り方は自由。

2、祈りに距離は関係ない。

3、祈る人が祈られる人を知っていたほうが効果が増す。

4、よりたくさんの人が祈ったほうが効果があがる。

5、「病気よ、治れ」と指示的に祈るより、「〜さんにとってベストのことが起きますように」と、指示しない祈りのほうがはるかによい結果がでた。

6、祈った側も病気が治る、循環の法則がある。

7、ギャンブルには効かない。

おてんとうさま

ほほほ、祈りでいちばん大切なのは、**「純粋で神聖な気持ち」**なんだよ。

それと『心配』は『呪い』になるから、**「心配してます」はいちばんいっちゃいけない言葉よ！**

AKIRA　たしかに目にみえない力ってありますよね。……どころか、すごいパワーです。

一六話『御陰様』を信じたほうがお得！

おてんとうさま　ちょっとあんた、目にみえないものをあげてごらん。

ＡＫＩＲＡ　え〜と、携帯やＷｉ－Ｆｉとかの電波でしょ、空気や風や紫外線もみえないし、過去や未来、言葉や音楽、意識や無意識、考えや感情、やさしさや勇気、幸せや希望、愛や信仰、天国や地獄、天使や神様、祖先や幽霊、心や魂……。

おてんとうさま　そこでみえないものに共通する特徴に気づかないかい。

ＡＫＩＲＡ　ええと……、わかった。みえないものって大事なものばっかりだ！

おてんとうさま　よくぞ気づいてくれやした。現代人は「みえないものなど迷信だ」っていうけれど、**迷信ってのは、経験からきた実証科学さ。**効果のないのはすぐ消えるけど、残った迷信はご利益があるから残ってるんだろ。

ＡＫＩＲＡ　そうですねえ、神様や宗教、魂や天国、みんな創業何万年の老舗か。

おてんとうさま　むかしの人は、**みえる世界の裏側にみえない世界がひかえてて、みえる世界を支えてくれる**と感謝をささげてきたんだよ。運命さえも司《つかさど》るみえない力を**『御陰様《おかげさま》』**って敬った。

ＡＫＩＲＡ　あの、なにかがうまくいったときの、「いえいえ、私の力じゃありません、おかげさまで」と謙遜するやつですか。

おてんとうさま　しかも『御陰様』には『御天道様』と同じように、『御』と『様』までついてるから『ミスターシャドウ』はよっぽど偉いやつなんだな。

ＡＫＩＲＡ　ほほほ、ご利益がほしいのならば信じたほうがお得だよ。

おてんとうさま　ぼくが祈りプロジェクトをやったときに調べたアメリカでの『信心と健康の研究』データには動かしがたい数字がでているんです。

マサチューセッツ州のマクリーン病院で、１５９０名の患者を1年間調査した。**「信心深い患者は、信心深くない患者より、治療効果が約2倍も高い」「無宗教でも、神や大いなる存在を信じていれば、約30％が信心深い患者と同じ治療効果がある」**ってね。

おてんとうさま　ほら、無宗教でも信心深い日本人が長寿世界一なのもうなずけるだろ。お得だね。

ＡＫＩＲＡ　シカゴのラッシュ大学とミシガン大学の研究では、「教会や宗教行事にいかない人は、毎週教会へいく人に比べ、8年後までに死ぬ確率が2倍になる」って。

おてんとうさま　そうか、神社やお寺に参りにいく人は、そうすれば長生きすることを無意識に知ってるんだろうね。お得だね。

ＡＫＩＲＡ　「信心深い人はストレスによる心身症が少なく、死後の世界を信じている青少年は死

おてんとうさま　亡率が25％も低い」んだって。

AKIRA　なるほど、死後の世界や天国があるかないかの不毛な議論なんかより、**あると「信じる力」が現実の健康をつくる。**お得だね。

おてんとうさま　「イワシの頭も信心から」ってことわざあるじゃない。

つまらないもんでも信じれば尊くなるって意味ですよね。

むかしは節分にヒイラギの枝にイワシをさして、その臭さで鬼がよってこないよう門に飾ったからね。

AKIRA　さらに「鼻くそも尊みがら」（鼻くそも尊い脱げ殻だ）とか、「鼻くそ丸めて万金丹」（鼻くそも万能薬になる）とかさ。

わっはっは、たしかにネバネバで雑菌を捕獲する鼻水が、鼻息で乾燥して鼻くそになる。**人間にはみえない力が、命を支え、幸運に導いてくれる**ってことか。

おてんとうさま　つまり**信じるか信じないか、どっちがお得かで自分の世界観を選びなさい**ってことね。

AKIRA　えーいいのかな、自分が健康になりたいエゴのために世界観を選んじゃっても。

一七話　この世に生まれる確率

おてんとうさま　よっしゃ、今日は手術前夜の緊張をときほぐすためにも、落語でも一席ぶとうかね。

AKIRA　まっ、おてんとうさまは日ごろから落語家みたいな話し方ですけど。

おてんとうさま　ってえことで、毎度ばかばかしいお笑いを一席。
おっと、そこのお客さん、「ありがとう」って漢字で書けるかい。
お客さんてひとりじゃん。あっ、こうみえても漢字検定2級ですから。

AKIRA　ええと、**有るのが難しい「有り難う」**でしょ。

おてんとうさま　大正解！　では『盲亀浮木《もうきふぼく》』っつうありがたい話を一席ぶちやしょう。

AKIRA　なんだよ、この展開!?

おてんとうさま　ここは天竺《てんじく》、西方浄土、お釈迦《しゃか》様が弟子のアーナンダにたずねやした。
「おい、あんたは人間に生まれたのをどう思ってる？
アーナンダ、どーなんだ」
「へえ、あっしが選んだおぼえもねえし、しょうがねえから生きてやす」
「なんだい、しけた答えだねえ。

まっ、果てしない海の底に、目のみえねえ亀がいるって思っつくれ。

盲目の亀は100年に一度だけ、ひょいと海面に顔をだす。

大海原には1本の丸太ん棒が、風に吹かれて東へ西へ、北へ南へ漂っている。

丸太ん棒にゃ、小さな穴があいててね、100年に一度、盲目の亀が浮かびあがった拍子に、その穴にひょいと頭をつっこむことがあると思うか？

アーナンダ、どーなんだ」

ぷっ、ばかばかしい。ムリムリ。

お客さん、まあ終《しま》いまでお聞き。

おどろいたアーナンダはお釈迦様に答えやした。

「そ、そんなことは絶対ないです！」

「でもなあ、絶対にないといいきれるか？　アーナンダ、どーなんだ」

「な、何億年かける何億年、何兆年かける何兆年の間には、ひょいと頭をいれることがあるかもしれませんが、ないといいきってもいいくらいむずかしいことでしょう」

「いいかい、**私たちが人間に生まれることは、盲目の亀が丸太ん棒の穴に首をつっこむよりも『有り難い』こと**なのだ。わかったか……」

「アーナンダ、どーなんだ！」

AKIRA
おてんとうさま

ふたり

一八話　エゴイスティックに『感謝力』

AKIRA　はっ、危うくおてんとうさまのペースにのせられるところだった。感謝が大切なんてどんな自己啓発本にも書いてあるし、耳タコですから。

おてんとうさま　じゃあ**「感謝はエゴでしなさい」**って誰か教えてくれたかい？

AKIRA　えっ、感謝ってエゴを捨てなきゃできないじゃないすか⁉

おてんとうさま　ほうら、あんたはまだ感謝の使い方を知らないじゃないか。損得勘定ばかりして腹黒いあんたにぴったりな**『感謝力』の筋トレ**を伝授しようかね。

AKIRA　ヤバい、性格を見抜かれてる。

おてんとうさま　むかしの日本人は、感謝という力がいかに健康や人間関係、運勢や収入を左右するかってのを熟知していて、**エゴイスティックに『感謝力』を鍛える思考法**を編みだしていたのさ。感謝の筋肉も、バーベルをもちあげるように感謝する回数が多いほど鍛えられる。一神教じゃ1回だけど、八百万《やおよろず》の神ならバーベル800万回！

AKIRA　ぷっ、それムリだから（笑）。

おてんとうさま　うちの父ちゃんイザナギと母ちゃんイザナミは、太陽の神、海の神、風の神、山の神、火の神、水の神、食べ物やゲロ、おしっこやうんちの神様まで生んだんだよ。

AKIRA えー、そんなズルイ裏日本史教わってませんよー！

おてんとうさま **すべてのものに神様が宿っている**と考えるのは**感謝の筋トレ**のためなのさ。さらにバーベル800万回でも足りなくて、人間がつくった刀や桶《おけ》、服やかごにも神様が宿る。ほら針供養とか刀供養、人形供養から草履供養まであるじゃないか。こんなに感謝大好きな民族、ほかにいないよ。

AKIRA たしかにありがとうを10万回唱えてガンを治した人や、うつ病から回復した人とかいますね。でも口先だけで唱えても効くのかなあ。

おてんとうさま だから筋トレだって。はじめは口先だけでもいいから、じょじょに本気度をあげていけばいいのさ。ガンを治してくれるナチュラルキラー細胞は感謝の筋肉量にしたがって増えていくから。感謝力を鍛えれば、愛する人を幸せにして、子供たちを笑顔にする。病気を治し、争う人を和解させ、自己実現の夢をかなえる太陽エネルギーになるんだよ。だから誰よりも**あんたが生きのびるエゴのために感謝を使いなさい。**

AKIRA ええ〜、エゴのために感謝するってのは、なんかいままで教わってきた感謝の意味と正反対なんで、うしろめたい感じはしますが……。

ぼくはどんな汚い手を使ってもガンから生きのびたいんです！

一九話　升酒タワーの絶対法則

おてんとうさま　あんた「シャンパンタワー」の起源が日本だって知ってたかい。

ＡＫＩＲＡ　結婚式でピラミッド形に積んだグラスにシャンパン注ぐやつでしょ。あれのどこが和風なんです？

おてんとうさま　日本では、結婚式に**『水合わせの儀』**っていう、新郎新婦の母親が朝一番に実家の水をくんできて、ひとつの盃《さかずき》に注ぎあわせて飲む伝統があんだよ。別々の環境で育ったおたがいの水を合わせて新しい家庭をつくるのさ。

ＡＫＩＲＡ　なぜそれがシャンパンタワーになっちゃうの。

おてんとうさま　水が地元の酒になり、升を積みあげ、鏡開きの酒樽《さかだる》から注いだといわれる。今日はその升酒タワーをやってみよう。といっても、病院は禁酒だけどね。

ＡＫＩＲＡ　ちぇっ、飲めないのか。まあ、やることないからつきあいますか。はいはい、1合升はぜんぶで55個。下の段から25個、16個、9個、4個、1個と。シャンパングラスより積みやすいや。ほら美しい5段のピラミッドができやした！

おてんとうさま　上から**1段目は『自分』**。

2段目は『家族』。

3段目は『仲間』。

4段目は『社会』。

5段目は『世界』。

さあ、**『重力』という自然界の絶対法則**が働いてる。すべての升を満たすには、たったひとつの方法しかない。わかるかい？

AKIRA
そんなのアホでもわかりますよ。いちばん上の升からジョボ〜。

おてんとうさま
そのアホがあんただよ！　あんたは自分の升を幸せで満たしたことがないだろ。いつも4段目の『社会』から酒を注いできたんじゃないのかい。

AKIRA
『社会』？　……はっ、たしかに仲間も家族も自分自身の幸せも、そっちのけでした。

おてんとうさま
5段目の『世界』から注ぐ人は、理想主義者だね。

宮沢賢治は「世界がぜんたい幸福にならないうちは個人の幸福はあり得ない」といったけど、それは彼の純粋な願いであって、現実的に水は上にはのぼらない。

4段目の『社会』から注ぐあんたは、自己犠牲タイプだよ。

自分を犠牲にボランティアや社会貢献に打ちこんじゃう。

しかもまわりにも犠牲を強いるから、ブラック企業の社長みたいなもんさ。

対象依存の傾向があって、自分より不幸な人を見つけだして善意を押しつける。

AKIRA　ああ、いい返したくても言葉がないわ。

おてんとうさま　あんただけじゃない、**日本男性のほとんどが、3段目の『仲間』（職場）から注ぐ。**仕事中毒で健康や家庭を犠牲にしちまうと、過労死や熟年離婚につながるよ。**2段目の『家族』から注ぐのは、圧倒的に主婦が多いね。**激務の家事や子育てに給料もでないし、夫にねぎらってももらえない。

AKIRA　**主婦たちにこそ、自分で自分を幸せにする升酒タワーの法則を知ってほしいよ。**

おてんとうさま　ボランティアや社会活動、勤労や家事も、行為自体はすばらしいでしょ。ただし順番をまちがえなければね。

自分を幸せにできないものは、人を幸せにできない。

自分を満たしてない人は、なにをやっても対象依存になるけれど、自分を満たしている人が同じことをすれば、多くの人を幸せにする。

あんたがあんたを幸せにすれば、あふれだした幸せが自然に升を流れ落ち、家族が幸せになり、職場が幸せになり、社会が幸せになり、世界が幸せになるんだよ。

それが地球に働く**『重力の法則』**さ。

……ちょっと、聞いてんのかい。あっ、なめちゃダメだよ！　ったく、油断もすきもあったもんじゃねえ。

二〇話 病は『命への感謝』を思いだすためのメッセージ

おてんとうさま　むかしの日本人は**言葉には霊力がこもる**と考え、それを『**言霊**』と呼んだ。あんたの手術も近づいてきたので、その呪いをほどいておこう。

ＡＫＩＲＡ　言霊の呪いって、余命宣告のことですか。

おてんとうさま　そのとおり。あんたはいま、偉いお医者さんからいわれた「10人中7人が死ぬ」っていう負の暗示にかかってる。思いこみで病が治るのを『**プラシーボ効果**』、思いこみで治らなくするのを『**ノーシーボ効果**』っていう。

『余命宣告』という呪いにかかったあんたの無意識は、いま脳をとおして「ぼくを死なせろ」って命令を全細胞に送りだしてるのさ。

ＡＫＩＲＡ　そんなバカな、自分を死なせろなんて思うわけないでしょ！

おてんとうさま　しかし……みえない力『**御陰様**』**の正体があんたの無意識だとしたら？**

ＡＫＩＲＡ　（ぞくっ）ぼくの無意識がガンをつくりだしていたってことですか。

おてんとうさま　そうさ、あんたは自分の健康を過信しすぎた。

自分がやったことを考えてもみなよ、朝から晩まで避難所やボランティアテントで2

AKIRA　時間ものライブを5本もやるなんて、狂気の沙汰だ。

おてんとうさま　しかも家や家族を流された観客の悲しみまであんたはひき受けちまう。

あんたの体は悲鳴をあげて、やめてくれって叫んでるのに、意識は完全無視をする。

忙しすぎて、病気の前兆にも気づきませんでした。

そこで、あんたを司る無意識が強制終了をかけたのさ。

しかし自分の健康を過信してるあんたは風邪や高熱じゃ止められない。

あんたの暴走を止められるのは、もっとも死に近い病……。

ガンくらいのもんだろう。

一刻も早く「自分いじめ」をやめさせるため、あんたの無意識は全細胞に命令して、
早急にステージⅢの胃ガンをつくらせる。ピンポイントで血管の上に腫瘍をつくり、
ドラマチックにライブ直前に破裂させ、大量吐血させるのさ。

AKIRA　目も鼻もない丸太ん棒さん。どうだい、あんたの『御陰様』が立てた計画は！
か、完璧です……おどろいて、言葉もでません！

おてんとうさま　それだけ派手な演出をしないと、あんたは気づいてくれないし、早期発見させて治療の余地を残しとくためさ。
いっとくけど、**ガンはあんたの味方だよ。**

AKIRA　……（絶句）。

おてんとうさま　あたしゃあ、ジブリの大ファンでね、『風の谷のナウシカ』にでてくる腐海の森ってあるだろ。人類が汚した毒を自分に集め、最深部には清浄な世界をつくりだす。ガンは、あんたの乱れた食生活や精神的なストレスでとりこむ毒が全身にまわらないよう1か所に集める『腐海の森』さ。

ＡＫＩＲＡ　ええっ、**まさかガンがぼくを生かそうとしてるってことですか!?**

おてんとうさま　もちろんさ。あんたの胃にできた腐海の森は、明日の手術で摘出され、あんたの身代わりに死んでいくのを知ってるだろう。それでもあんたはガンをうらむかい？

ＡＫＩＲＡ　あああ、なんてことだ。ガン様、ずっとあなたを敵だと思っていました。それなのにぼく自身の悪をあなたがひき受け、大切な気づきを与えてくれるために明日ぼくの代わりに死んでいく。ああ本当にごめんなさい！　そして心から感謝します。

おてんとうさま　いいかい、あんたの病は**『命への感謝』を思いだすためのメッセージ**なんだよ！

二一話　人生は『美しい想い出』を残すためにある

おてんとうさま　ほう、ずいぶん立派な千羽鶴だね。

AKIRA　はい、ぼくのライブの主催者たちがウェブで呼びかけ、全国から送ってもらったそうなんです。

おてんとうさま　こうして手にとると、胸があたたかくなりますよ。

そうだね、これは鶴の翼にのっかった**『人の想《おも》い』**さ。

日本語は『心』に関する言葉が圧倒的に多い。思いつくまま、あげてごらん。

AKIRA　ええと、心臓、安心、心配、用心、初心、下心、真心、心得、心がけ、心もち、心づくし、心がまえ、心ない、心ここにあらず、ほんとだ、いっぱいでてきます。

ざっと数えて200から3000くらいあります。世界にある7000種類の言語のなかでも、心に関する言葉は、英語でせいぜい20くらいだから、こんなに多い言語は日本語だけでしょうね。

おてんとうさま　それだけ日本は人の心を大事にし、微細に読みとる感覚を発達させてきたんだよ。

『新約聖書』は「はじめに言葉ありき」ではじまるし、欧米じゃ言葉にしないと伝わらない。
日本では言葉より心を重んじる。
『能ある鷹《たか》は爪を隠し、能なし雀《すずめ》はよくしゃべる』ってね。

AKIRA　現代でも「空気読め」とか、「気持ちを察しろ」「心の目でみろ」とかいいますね。

おてんとうさま　「食うた餅より心もち」、人はおまんまで生きてんじゃなく、人の想いをいただいて生かされてるってことさね。
あんたがこの世に生まれたときに、腹を痛めた母ちゃんの想い、ゲンコツくれた父ちゃんの想い、ともに育ったきょうだいや、出会った友や恩師の想い、愛してくれる伴侶やパートナーの想い、さまざまな想いをいただいてあんたは生きてこれたのさ。

AKIRA　体は食物で生かされ、心は人の想いを食べて生かされているんですね。

おてんとうさま　あたしはね、**人の想いほど崇高なものはない**って信じてるよ。
想いは目にみえないけれど、命を育み、世界を変える、大きな力をもっているのさ。
ちょいと、謎解きしてみよう。
「人が天に帰るとき、ひとつだけもって帰れるものはなーんだ?」

AKIRA　ええ〜、お金じゃないし、家でも車でもない。……あっ、想い出だ!

おてんとうさま　ピンポーン。**『想い出』はどんな金銀財宝よりも尊い宝**だよ。
人生は偉大なことを成し遂げるためにあるとか、輝ける業績を残すためだとか、しゃらくせえことぬかすけど、んなもんはどうでもいい。

じつはね、**人は『美しい想い出』を残すため、ただそれだけのために、この世にやってくる**んだよ。

AKIRA　ええっ、たったそれだけ!?

おてんとうさま　しっ、ここだけの秘密だからね。バレると、みんな仕事やめちまうから（笑）。

天国にいる魂たちは、この世にくるとき**『天国の旅行鞄《かばん》』**と呼ばれる、からっぽのスーツケースをわたされる。それに美しい想い出を一生かけて集めるんだよ。

『天国の旅行鞄』は不思議な魔法がかかってて、**つらい想い出や苦しかった想い出も、鞄にいれると、ぜんぶ『美しい想い出』に変わっちまう。**

AKIRA　渋柿を太陽に干すと甘くなるように、おてんとうさまの魔法ですね。

おてんとうさま　みんな、美しい想い出のつまった鞄を後生大事に抱きしめて、天に帰ってく。

鞄を広げて、**この世での美しい想い出を、大切に大切に、何度も何度もくりかえし思いだしては、いっしょに想い出をつくってくれた人たちに感謝し、残されたものを全力で応援する**のさ。

どうだい、人間てやつは、死んでもいじらしいじゃないか。

いよいよ明日は手術だね。あんたも武士の末裔《まつえい》なら堂々と切腹しておいで！

第四章
死者の喜びは、愛するものたちが笑って暮らすこと

二二話　天国はいつもあなたのなかにある
二三話　あなたの人生は完璧でした
二四話　死者の仕事は、残された家族を見守ること
二五話　あなたがこの世に生まれた理由
二六話　エンジェルのドレスは勇者の証
二七話　この世の成り立ちの秘密
二八話　あなたは無数の愛に守られてきた

二三話　天国はいつもあなたのなかにある

〈手術当日〉

ＡＫＩＲＡのひとりごと

あー、ついに運命の日がやってきた。手術本番だよ。

ぼくはこのがんセンターで、母方のおばあちゃんと母を看《み》とった。

おばあちゃんは甲状腺ガンで、首が象の足みたいに腫れあがって息をひきとる。

母は胃ガンの摘出手術が成功したと思ったら、脳に転移して右半身が動かなくなり、最後に肺に転移する。ぼくはベッドによじのぼり、母を抱きしめて看とったよ。

祈りプロジェクトでたくさんの人が手術時間に合わせて祈ってくれるせいか、冬だというのに体がほてって汗までかいている。

おてんとうさま、ねえ、おてんとうさま？　ああ、どうしてこんな大事なときにきてくれないの。

看護師

杉山さ～ん、体調はどうですか。手術のときのＢＧＭとかあればおもちくださいい。

（ＡＫＩＲＡ）　じゃあ、このストレッチャー（移動式ベッド）にのってむかいましょう。エレベーターで乗り換え、ホールにでる。毎日10件以上の手術があるので、病棟の看護師から手術の看護師へ名前や情報のひきつぎがおこなわれる。これがオペ室か。青空色の壁を背景に心電図や身体データを反映するモニターや電子機器がならび、執刀医や麻酔医、スタッフが笑顔で迎えてくれる。

執刀医　杉山さんはこの病院がはじまって以来の数の千羽鶴が送られてきたっていうんで、お待ちしていましたよ。あっ、ＢＧＭのＣＤ、流しますね。

（ＡＫＩＲＡ）　オペ室に自分の歌が響いてるって、なんだか不思議な感じだなあ。再度名前を確認され、執刀部位と手術の内容が告げられる。点滴のまま手術台へ移され、心電図や血圧計、酸素の割合をみるパルスオキシメーターや酸素マスクがつけられる。お守りにアイヌ刺繍《ししゅう》のマタンプシ（はちまき）を胸にのせた。

麻酔医　大～きく息を吸いこんでください。それではいまから眠たくなります。

（ＡＫＩＲＡ）　ああ、麻酔って気持ちいいなあ。蛍光色の幾何学模様がひらひら踊ってる。潮騒《しおさい》みたいな音が聞こえて、だんだん意識が遠ざかっていく……。お、虹色のトンネルに吸いこまれていくぞ。すごいスピードだ。小さな光が遠くにみえる。光がだんだん大きくなって、うわー、太陽が輝きを増してむかってくる！

おてんとうさま　ウエルカム・トゥー・ヘブン！

AKIRA　ええっ、おてんとうさま！

おてんとうさま　なんで手術前にきてくれないのって思ってたら……。

AKIRA　サプラーイズ！　待って真下の隅田川。

おてんとうさま　今日は天国で待っていたのさ。

AKIRA　天国ってことは、ぼくは死んじゃったんですか？

おてんとうさま　おっほっほ、安心しな、手術が終わる3時間でちゃんと帰してあげるから。

だって一世一代の手術を、ただ「眠ってました」じゃ、もったいないだろ。

天国をつくったあたしがガイドする、スペシャルツアーときたもんだ。

AKIRA　ウォルトさんにディズニーランドを案内してもらうより光栄です！

でも天国って、飛行機や人工衛星でも見つからないけど、どこにあるんです。

おてんとうさま　**天国はあんたの心のなかにある。**あんたが心から自分を愛せるようになったら、あんたがいる場所はすべて天国になるってことだ。あんたは**地上に天国を実現させるために生まれてきたん**だよ。

AKIRA　はあ、天国は場所じゃなくて、心の状態ってことですか？

おてんとうさま　まっ、そんときがくれば『**天国はあんたの心のなかにある**』って意味がわかるよ。

3次元にいる人間から上位次元にある天国は認識できないけど、天国からはあんたらが丸見えで、考えていることまで手にとるようにわかるのさ。**地上の願いが天国に届**

くと、死者たちが全力でその願いを地上の現実に変えるってぇからくりよ。

AKIRA　みえない祖先や死者たちがぼくの願いをかなえるためにドタバタ働いてくれてたなんてありがたいですね〜。
ここにくると、胸が苦しくなるほどの幸せで満たされます。
すべてが輝いてるけど、どこかでみたことあるような、なつかしい場所だなあ。
あっ、子供のころ遊んだ大谷川の河原だ。ずぶ濡《ぬ》れになって石を積んだり、台風のつぎの日にはウナギをつかまえたこともある。夏休みには早起きして、カブト虫やクワガタを探しにいったよなあ。

おてんとうさま　ほお、あんたにはそうみえるかい。ここじゃあ**思ったことがそのまま形になる**んで、あんたがいちばん幸せだったころのイメージが投影されてるのさ。
さっ、『太陽の絹衣』をかぶりなさい。これで魂たちからあんたはみえなくなる。

AKIRA　げげっ、見つかったら、袋叩《ふくろだた》きにでもあうんですか。

おてんとうさま　ああ、地獄のサイン攻めにあう。魂はみんな生者にあこがれてるからね。
ほんじゃさっそく、天国物見遊山ツアーにご案内〜。

二三話　あなたの人生は完璧でした

おてんとうさま　ここが天道空港の到着ターミナルだよ。

AKIRA　おお、19歳ではじめていった成田空港とそっくりだけど、高い天井までクリスタルでおおわれて虹色に光ってる。
お花畑に囲まれた滑走路を、透きとおったプロペラ機がつぎつぎと離発着する。
到着ゲートには半透明になった人々が古い革の旅行鞄《かばん》をさげてならんでいますね。
もしかして、あれが？

おてんとうさま　そう、『天国の旅行鞄』さ。あのなかに**『美しい想《おも》い出』**がつまってるんだよ。
まず到着した魂は、入国審査を受ける。ちょっと時間はかかるけど、入国前に地球ですごした自分の人生をふりかえるのさ。

AKIRA　最後の審判とか、閻魔《えんま》大王の裁きみたいなやつですか。

おてんとうさま　おいおい、あたしは地獄なんざつくっちゃいないし、あれは宗教が金儲《もう》けのためにでっちあげた脅迫さ。あたしの部下のマスターたちは、みんなやさしい相談役だよ。
お裁きも、否定もしない。**自分の人生を評価するのはあんた自身**なんだから。

郵 便 は が き

料金受取人払郵便

新宿北局承認

9181

差出有効期間
2026年 1 月
31日まで
切手を貼らずに
お出しください。

169-8790

174

東京都新宿区
北新宿2-21-1
新宿フロントタワー29F

サンマーク出版愛読者係行

ご 住 所	〒 都道府県	
フリガナ		☎
お 名 前		(　　　　)
電子メールアドレス		

ご記入されたご住所、お名前、メールアドレスなどは企画の参考、企画用アンケートの依頼、および商品情報の案内の目的にのみ使用するもので、他の目的では使用いたしません。
尚、下記をご希望の方には無料で郵送いたしますので、□欄に✓印を記入し投函して下さい。
□サンマーク出版発行図書目録

1 お買い求めいただいた本の名。

2 本書をお読みになった感想。

3 お買い求めになった書店名。

市・区・郡　　　　　町・村　　　　　書店

4 本書をお買い求めになった動機は?

・書店で見て　　　・人にすすめられて
・新聞広告を見て(朝日・読売・毎日・日経・その他=　　　)
・雑誌広告を見て(掲載誌=　　　)
・その他(　　　)

ご購読ありがとうございます。今後の出版物の参考とさせていただきますので、上記のアンケートにお答えください。**抽選で毎月10名の方に図書カード(1000円分)をお送りします。**なお、ご記入いただいた個人情報以外のデータは編集資料の他、広告に使用させていただく場合がございます。

5 下記、ご記入お願いします。

ご職業	1 会社員(業種　　)	2 自営業(業種　　)
	3 公務員(職種　　)	4 学生(中・高・高専・大・専門・院)
	5 主婦	6 その他(　　)

性別	男・女	年齢	歳

ホームページ　http://www.sunmark.co.jp　ご協力ありがとうございました。

おてんとうさま　**『天国の回想』**は、人によっては多少の苦しみをともなうよ。**なぜなら自分の人生でかかわった相手の感情も疑似体験するから。**あんたが子供のころにいじめた相手、傷つけた相手の感情をあんた自身が再体験することで、自分がやった行為の意味を知るのさ。ましてや虐待や暴力、傷害や殺人、多くの人を悲しませたものにとっちゃあ、ある意味、地獄体験かもね。

AKIRA　ちょっと怖いな。ぼくもどれだけたくさんの人を傷つけてきたことか。

おてんとうさま　傷つけたことがない人なんていないから、心配いらないよ。

回想は映画くらいの感覚だけど、天国時間の『回想』は一瞬で終わる。

「あなたの今回の人生はどうでしたか?」とマスターが自己評価をうながす。

「ではその体験からどんなことを学びましたか?」

マスターは、あんたから真実を導きだす手伝いをする。

「その学びを生かして、つぎはどんな人生を送りたいですか?」

そして最後に必ず、こういう。**「あなたの人生は完璧でした」**と。

AKIRA　え、どうして人を傷つけたり、罪を犯しても、完璧なんていえるんですか。

おてんとうさま　**『回想』によって、あんたが人生の意味を理解したから**さ。

つまり、あんたは今回の人生で選んだ役を演じきり、多くの学びを得た。

その意味を理解して、やっと人生は完結するのさ。

たまに到着ゲートに死んだ家族がやってきて、「おまえにはまだ早すぎる」と追い返されて生き返ることもある。それが**『臨死体験』**だよ。

AKIRA　えっ。じゃ、臨死体験と夢はどうちがうんですか。

おてんとうさま　夢は忘れてしまうけど、臨死体験は蘇《そ》生《せい》した患者のほとんどが鮮明におぼえているリアルな体験よ。多くの臨死体験者は『死後の回想』がいちばん貴重な体験だという。

「目の前で全生涯がぱっと照らしだされた」とか「まるで教育ビデオをみるように人生を回想した」という人もいる。

彼らは回想によって、自分が人に与えたものが、自分に返ってくることに気づく。**愛情をささげていれば愛情を、憎しみをささげていれば憎しみを受けとる**んだよ。

AKIRA　生き返ったあと、なにか影響でもあるんですか。

おてんとうさま　臨死体験者はいままでの生き方をあらため、人が変わったように愛情深くなるそうさ。

お金や地位や名声ではなく、**思いやりや親切、やさしさや無条件の愛をどれだけ与えてきたかが大切だ**って気づくんだよ。それが**人間の根っこ**ってもんさ。

さっそく、雲助タクシーで天道町にでてみよう。

AKIRA　うわっ、雲のタクシーが浮いた。ひえー、すっ飛ばしますねえー。

おてんとうさま　ほっほっほ、天国には信号もスピード違反もないからねえ。

二四話　死者の仕事は、残された家族を見守ること

おてんとうさま　あれが天道町さ。あんたにはどういうふうにみえるかね。

ＡＫＩＲＡ　ここもキラキラ輝いてるけど、表通りには木造の商店がならんでて、裏通りにはぼくが育ったような長屋がある。笑っちゃうけど、日光江戸村みたいです。

おてんとうさま　ここには時間も空間も物質もないけど、イメージしたものがすぐ形になり、いきたい場所へ瞬時にいける。全員が超能力者みたいなもんさ。

ＡＫＩＲＡ　人間がいないというか、光のつぶがたくさん輝いていますねえ。

おてんとうさま　あのツブツブちゃんが肉体を脱いだあんたら本来の姿、魂たちだよ♪。あんたらの本性は、**「愛と光のツブツブちゃん」**さ。**あんたが落ちこんでいるときも、絶望の闇でもがいてるときも、あたしが分け与えた光があんたのなかにあることを忘れないでおくれ。**

ＡＫＩＲＡ　はい、母ちゃんからいただいた光でぼくもまわりの人を照らしてゆきたいです。

おてんとうさま　たのもしい息子だねえ。さっ、雲タクを降りて、魂たちの生活をみにいこう。

ＡＫＩＲＡ　あれれ～、もしかしてみんながのぞきこんでいるのって？

おてんとうさま　スマホだよ。生きていたときの記憶がもちこされるから、天国の電子機器も人間界といっしょに進化してるのさ。

30年くらい生まれ変わってない魂は、いまだに昭和の黒電話で話しているし、ブラウン管テレビで家族を見ているものも、液晶テレビでみているものもいるだろう。テレパシーを使って自分が知っているものが再現されるんだけど、若い魂は最新家電を自慢するから、みんな現代の地球にいきたがんだよ。

AKIRA　まるで秋葉原に殺到する外国人観光客みたいですね（笑）。

おてんとうさま　スマホを使って魂たちは一日中残された家族をみている。

みえない力『御陰様《おかげさま》』の正体は、死んだ家族や祖先たちでもあるんだよ。

死者の仕事は、生者を見守ることさ。いっしょに美しい想い出をつくってくれた家族や友人や愛する人を、熱狂的なサッカーファンみたいに応援してるよ。

死者は自分が死んで後悔や罪悪感で泣いている生者をみるのがいちばん悲しい。

死者にとって最高の喜びは、愛するものたちが笑って暮らすことさ。

あんたらからはみえないけれど、あの手この手で喜ばせようとしてるんだよ。

AKIRA　う〜、うるうるしますねぇ。

おてんとうさま　もうひとつ、死者の喜びは、**生者に思いだしてもらうこと。**生者が死者を思いだした瞬間、死者はあんたの心によみがえる。

だから、死んだ家族や仲間をたくさん思いだしてあげなさい。

AKIRA　ひとつ謎なんですけど、ぼくはおじいちゃんやおばあちゃんまでは知っていますが、ひいおじいちゃんやひいおばあちゃんには会ったことがありません。
彼らはまだ天国にいるんですか。

おてんとうさま　その魂自体はとっくに生まれ変わっているね。
人間には『肉体の家系』と『魂の家系』があって、その両方から守られている。
じっさい、あんたの遺伝形質として、祖先は生きているだろう。
彼らの個人意識は、おぼえてくれてる人が地球にいなくなると消える。それぞれの名前がついた個人意識はなくなり、『祖先意識』へ統合されるのさ。

AKIRA　まるで名前のついた川が海に返ると、海の一滴として名前が消えるみたいだ。

おてんとうさま　うまいこといいやがる。でね、あんたの祖先は、だいたい江戸時代にあたる**10代前で1024人**にもなるよ。そのなかのたったひとりが欠けても、あんたは存在しなかった。１０００人もいりゃあ、侍、芸者、農民、商人、教師、絵師、巫女《みこ》などそれぞれの職業をもっている。そのスキルがすべて、あんたの遺伝子に記憶されているんだよ。だから**あんたには無限の才能がある！**
祖先に感謝すると、その遺伝子スイッチがオンになる。『祖先力』は即戦力！

二五話　あなたがこの世に生まれた理由

AKIRA　ほおー、これが天道大学か。出雲《いずも》大社みたいな本殿のまわりに、レンガ造りの古めかしい学舎や寮が建ちならんでる。

おてんとうさま　よし、教室にお邪魔しよう。みんな真剣に勉強してるだろ。

AKIRA　人間に生まれ変わる試験の競争率は、ハーバードや東大に合格するよりも高いのさ。なにしろ盲目の亀が丸太の穴に頭をつっこむ確率だからね（笑）。

おてんとうさま　基本的な疑問ですけど、天国って平和に満ちた楽園なのに、なんで魂は苦しみに満ちた地球へいきたがるんですか。

AKIRA　スルドイ質問だ。完璧な天国にも、たったひとつだけ**致命的な欠陥**がある。

おてんとうさま　な、なんなんですか、天国の致命的欠陥って⁉

AKIRA　**天国では、魂が成長できない！**

おてんとうさま　なに、鳩《はと》が豆鉄砲くらったような顔してんのさ。試験会場にはいるよ。

AKIRA　うわっ、なにこの熱気！　ヤバいくらいの真剣さ。静寂のなかを鉛筆をガリガリいわせる音だけが響いてるよ。

おてんとうさま　試験問題には数学も国語もない。受験者は地球にいったら**「どんな人生を送りたいか」「なにを学びたいか」**の小論文を提出する。

合否の基準は**『魂を成長させる覚悟』**さ。

AKIRA　もしかしてこのぼくも小論文で難関を突破したんですか。

おてんとうさま　あたり前田の加賀百万石。**地球にやってきたすべての人がスーパーエリート**さ。

AKIRA　あっ、合格発表の掲示板の前で胴上げやってる。かわいそうに、不合格で泣いてる魂もいるよ。

おてんとうさま　残念だが、落第したものは『魂を成長させる覚悟』が足りなかったのさ。

お金持ちになりたいだとか、みんなに賞賛されたいだとか、英雄になりたいだとかは落第する。ウソを書いても、百戦錬磨の試験官に見抜かれちまうからね。

たった49日で生まれ変わるものもいれば、５００年待っているものもいるんだよ。

AKIRA　ひえー、地球は５００年ならんでもいきたいラーメン屋なのか！

おてんとうさま　ここ数年の『行きたい国ランキング』では、日本がトップさ。

見どころ満載で美味《おい》しいもんだらけ。人はやさしいし、どこへいっても清潔だ。

彼らは美味しいラーメン屋まで調べているからね。

AKIRA　全能の魂は絶品ラーメンまで知っているとは。で、どんな手順で生まれてくるんです？

おてんとうさま　合格者が集まる会議室にいってみよう。
合格が決まると、申請をして**『命のビザ』**をもらい、**いっしょに生まれ変わるソウルメイトと旅行プランをたてる**のさ。

AKIRA　だいたいソウルメイトのグループは、11人から15人ってとこだね。

おてんとうさま　うわ、どのグループもかんかんがくがく議論してますね。
そりゃあ真剣にならざるをえまい。**15ものちがった魂がそれぞれの人生のテーマを実現できるよう、全体の役割やシナリオを決めていくん**だから。
今回はどんな役割のママやパパか、ライバルや悪役とかも決めておく。

AKIRA　じゃあ、生まれる前から運命は決まっているんですか？

おてんとうさま　やだねえ、結果の決まったゲームなんぞ、誰もやりたかないだろう。
人生にとっていちばん大切なものは、自由意志さ。
自由意志を生かせるように、細かいとこは決められないルールになっているよ。
でもね、人生最大のメインイベント**『大いなる試練』**は決めておく。

AKIRA　ええっ、試練は自分で選んだの⁉　誰だって不幸も不運も避けたいのに。

おてんとうさま　逆だよ。**『不幸』は、あんたの魂が選んだ最高の『ギフト』**なんだよ。
現代人は競争社会に洗脳されて、その人生最高のギフトをはずれクジや恥ずかしいことのように思いこまされてる。

だけどね、**大いなる試練によって魂はもっとも成長できる。**だいいち自分で描いた脚本だし、**魂は試練という贈り物を受けとるために地球に生まれるんだから。**

歌舞伎でいやあ大立ち回り、映画でいやあハイライト、それを恥だなんて、ちゃんちゃらおかしくてヘソが茶を沸かすね。

おてんとうさまのお茶は熱そう。

AKIRA

なるほど、自分の人生は自分で決めたと思えば、責任がもてる。**どんなつらいことがあっても魂を成長させるチャンスだと思えば、立ち向かう勇気がでる**かも。

おてんとうさま

脚本が決まれば、**役の衣装選びさ。**では、ブティックめぐりとしゃれこもう。

二六話　エンジェルのドレスは勇者の証

AKIRA　高級ブランドからファストファッションまで、いろんなブティックがならんでる。げげっ、人間が素っ裸で展示されてる！

おてんとうさま　おっほっほ、**魂にとっちゃ、肉体が衣装**なんだよ。

AKIRA　じゃあなんで赤ちゃんで生まれるのに、ならんでいるのは成人の裸なんです？

おてんとうさま　もちろん生まれてくるときはこれらの体が発現するよう、受精卵までもどされる。ごらんよ、東洋系、西洋系、アフリカ系、力の強い衣装、スポーツの得意な衣装、歌の得意な衣装、勉強ができる衣装、かわいい衣装、なんでもござれよ。**魂たちは、自分の役にぴったりの舞台衣装を選ぶ**のさ。

AKIRA　むっちゃ真剣に選んでる。何度も何度も試着して、鏡に映してポーズをとったり。自分で選んでるくせに、自分の体が好きな人ってあんまいないじゃないですか。二重まぶたに高い鼻とか豊かな胸がほしいとか、おてんとうさまの設計ミスじゃ？

おてんとうさま　イヤミなやつだね。あたしがデザインした『ウルトラバイオスーツ』には1ミリの設計ミスもないよ。

太っていたり、醜いといわれたり、病気をもった体さえ、その人の学びがかなうよう、**完璧に設計**されてるんだよ。その人の容姿を気にいってくれる友やパートナーと出会うため、その肉体でしかできないことを学ぶためさ。

醜い肉体なんてない。醜いとみる心が醜いのさ。

AKIRA　あれ、あのブティックにはいろうとする魂たちが、涙ぐんでる。

おてんとうさま　ああ、毎回あたしも彼らの勇気に打たれるね。

ほら、門番がゴールドの合格証明書を確認してから重い南京錠《なんきんじょう》を開けてるだろう。

彼らは何度も、地上ですごしたベテラン俳優ばっかさ。

ここにあるのは、**もっとも勇敢な魂しか着ることが許されない特別な衣装**だよ。

AKIRA　まるで老舗の呉服屋みたいに敷居の高いお店だな。ソウルメイトも立ち会っている。
あっ、もしかしてあの魂が選んだ衣装は！

おてんとうさま　**『エンジェルのドレス』**……そう、**障がいのある肉体**さ。

彼らのまなざしのむこうには、これからくぐるつらい試練がみえている。

肉体の不自由さやそれを介護する人の困難や、人々の同情、差別、社会の無理解など、想像を絶する運命が待ち受けている。

AKIRA　ぼくの母も片足をひきずる中途障がい者でした。
友だちに母をからかわれ、どれだけ母の障がいをうらんだことかわかりません。

ですからこうして天国のビジョンをみても、母やぼくたち家族がその運命を自ら選んだなんて、信じたくもありませんね。

おてんとうさま　もっともだろう。あんたが信じたくなけりゃ信じなくてもかまわない。天国では彼らを**『勇者』**と呼び、あたしも魂たちも深い敬意を払っている。**彼らはすでに自分の学びを完了し、今度は教師役として人々を導く存在**さ。不自由な体で必死に生きる姿をとおして、人々に勇気や希望を与える。本人はもちろん、**家族役になるソウルメイトも強靭《きょうじん》な精神力をもつ魂**だよ。

ＡＫＩＲＡ　逆に健康な肉体と美貌をもち、成功する人はどうなんですか。

おてんとうさま　**魂は自分の成長過程に合わせ、試練を選ぶ。**幼い魂には小さな試練、成長した魂には大きな試練。もちろん試練に優劣はない。**越えられない試練は決して与えられない**というルールがあるからね。おもちゃをとられた赤ちゃんの悲しみも、人生に悩む哲学者の苦悩も同等なのさ。**生きている人間全員が、自ら試練を選びとった勇者**なんだよ。

ＡＫＩＲＡ　母を思うとき、なにか障がい者を特別視する風潮に違和感があったので、それを聞いて安心しました。

おてんとうさま　日本ではむかしから障がい者にやさしい社会をつくってきた。北海道洞爺湖町にある入江貝塚や栃木県宇都宮市にある大谷寺洞穴遺跡などの縄文遺跡から、ポリオ（小児まひ）にかかった成人の骨が見つかっている。寝たきりの彼らは大人になるまで家族や村人に大切に守られてきたんだろうね。『古事記』にも、四肢に障がいのあるヒルコをはじめ、障がいをもった神々がたくさん登場する。そんな神話は世界でも珍しいよ。

AKIRA　あれ、ヒルコって恵比寿《えびす》様じゃないですか。

おてんとうさま　ああ、民間伝承では舟で流されて魚を釣るえべっさん（恵比寿様）さ。日本各地に「障がい児が生まれると、その家は栄える」という**『福子伝説』**があって、障がいのある子供が生まれると、**「我が村に福の神がきた〜」**って、村をあげて喜び、大切に育てたといわれているよ。

AKIRA　あっ、ニコニコ顔の仙台四郎さんとか。彼がくる店は栄え、彼がいきたがらない店は潰れるっていいますね。七福神も水頭症をはじめ、男性神はみな障がいがあったって聞いたことがあります。

おてんとうさま　江戸幕府が世界最初の盲学校を開いたのはいつだい。

AKIRA　ええと、１６８２年に鍼《はり》按《あん》摩《ま》の職業稽古所を全国30か所に設置したとありますね。

おてんとうさま　じゃあ、ヨーロッパではどうだい。

AKIRA　えっ、フランスで最初の盲学校が１７８４年、イギリスでは１８７１年って、日本より１００年、２００年もおくれてる！

おてんとうさま　七話でもいったように、日本では**「人は神様になる修行をするためにこの世にやってくる」**から、障がい者は**『いちばんつらい修行を選んだ徳の高い人』**だと尊敬された。目のみえない按摩さんがピ～プ～と笛を鳴らしてくると、徳の高い人にあやかりたいと引っぱりだこだったそうよ。
江戸幕府は盲人を支援するために『座頭金』という金貸しの特権を与え、盲目だった勝海舟のひいおじいちゃんはその収入で息子や孫たちを出世させたの。

ＡＫＩＲＡ　ああ、『障がい』って、肉体でなく、**人と人をへだてる社会の壁**かもしれませんね。

おてんとうさま　おっと、そろそろ天道空港にもどる時間だよ。

魂たち　きゃあー、あれみて、生きた人間が天国にいる！　サインもらわなきゃ。

おてんとうさま　あっ、太陽の絹衣がドアに引っかかって脱げてるじゃないか。逃げろ！

ＡＫＩＲＡ　ひえー、サインペンと色紙をもって、あんなにたくさん追いかけてくる。

おてんとうさま　つかまったら、時間におくれて、生き返れなくなっちゃうからね！

二七話　この世の成り立ちの秘密

おてんとうさま　あ～危機一髪だった。テレビでしかみられないスターがあらわれたんだからね。

ＡＫＩＲＡ　天道空港の展望デッキから、その望遠鏡で地球をのぞいてごらん。

おてんとうさま　ああ～、サファイヤよりも美しい水の惑星だ！

ＡＫＩＲＡ　しかもそこは無数の命に満ちている。
ズームをあげてみると……あれが日本で、東京のちょっと北にある栃木県立がんセンターはと……おっ、もうぼくの腹を縫いはじめてる。
痛そうな体にもどるの、やだなあ。

おてんとうさま　おいおい、あんたにはやってもらうことが山ほどあんだよ。
じゃああんたが帰る**『地球の成り立ち』**を伝えておこう。
天国は完璧な平和に満ちていて、魂たちも退屈してくる。
あたしも**『自分自身が成長することを求めている』**って気づくのさ。

ＡＫＩＲＡ　すべての生命が成長を求める設定は、おてんとうさまからはじまったのか。

おてんとうさま　魚が釣りあげられるまで水を知らないように、**平和しかない天国に暮らしていたら、**

おてんとうさま　平和に感謝できない。そこで**魂たちが成長できる『おてんとうランド』**をつくったのさ。

AKIRA　『おてんとうランド』とかいって、地球は修行道場なんでしょ。

おてんとうさま　ああ、ブッダはこの世を**「苦しみに満ちた世界」**と解釈したし、キリストも**「人はみな罪を背負って生まれてくる」**と解釈したね。

AKIRA　人類最高の知性でさえ、あたしのメッセージを正確には伝えてくれなかったのさ。

おてんとうさま　おてんとうさまが全人類に伝えたかったメッセージってなんなんですか。

AKIRA　**『生きることは、喜び以外のなにものでもない！』**

おてんとうさま　えええー、こんな思いどおりにいかないことばかりなのに？

AKIRA　むりもないさね、2500年の仏教史でも2000年のキリスト教史でも教えなかったことだから。あんたにも理解できるよう説明するよ。

おてんとうさま　何千年の歴史がひっくり返ることじゃないすか。ぜひ、お願いします！

たとえあんたが余命宣告を受けようと、絶望のどん底に突き落とされようと、孤独の闇で震えていようと、いまこの瞬間、命があるだろ。

あんたの命というものは、**あたしが光をこめ、祖先が必死に命のバトンを受けわたし、あんたの親が愛しあってできた『奇跡の贈り物』**さ。

あんたの命は、あらゆる試練を乗り越えられる力をもち、崇高な輝きを放っている。

その命をもってること自体が喜びなんだよ。

あんたに起こるすべてのことは、**命の喜びに目覚めるために用意されてる。**深い闇を知るものほど、夜明けの美しさを知る。冬の寒さを知るものほど、春の喜びを知る。**あんたの苦しみの深さは、より高い喜びを知るための跳躍**なのさ。

AKIRA　ああ、ぼくらの命には、おてんとうさまのこんな深い想いがこめられていたのか！

おてんとうさま　**『生きることは、喜び以外のなにものでもない！』**というメッセージを人々に伝えるため、あたしは全人類のなかからあんたを選んだ。

AKIRA　選んだ？　ブッダやキリストでも伝えきれなかったメッセージをぼくに伝えろと？

おてんとうさま　生まれる前にあんたはここで、あたしと**『空の約束』**をかわしたのさ。

あたしは、あんたの一生をずっと見守ってきたんだよ。あんたがインドやアメリカで死にかけたときも、アマゾンのジャングルで熱病になったときも、ジャマイカでライフルを突きつけられたときも……あたしはあんたとともにいたよ。

AKIRA　ええっ！　ずっとぼくはおてんとうさまに守られていたのか!?　ううう っ。

おてんとうさま　ああ、ストーカーのようにひっついていたよ（笑）。

あんたは、自ら選んだ波乱万丈の人生で魂を鍛えあげ、もっとも危険な大舞台がはじまった。いまこそ、あたしが待ちつづけた**『和の知恵』**を伝えるときがきた。

その教えはあんたを救うだけでなく、**あんたをとおして多くの人を救う**だろう。

あたしでさえ、人の命を直接救うことはできないが、全身全霊で力になるよ。

AKIRA　なんという感謝&プレッシャー！

でも自分のできる限り、せいいっぱいやってみます。

おてんとうさま　選ばれし息子よ、使命を果たすときがきた。

オペ室の体にもどりなさい。まちがって他人の体にはいるとややこしくなるからね。

AKIRA　ラジャー。母ちゃん、いってきます！

おっと、縄文杉のヒゲを生やしたこいつだ。

3、2、1、ダイブ！

二八話　あなたは無数の愛に守られてきた

（ＡＫＩＲＡ）

ん、なんかぼんやりみえてきた。
ゆっくりと目を開いてみよう……天井らしきものがみえるぞ。
空気も吸える。遠くで電子音がするから耳も聞こえる。シーツをつまむ指も動く。
ここはどこだ？　医療器具に囲まれてるからＩＣＵ（集中治療室）か。
そうか、ぼくは手術を終えたんだった。
ここが天国じゃないってことは……ぼくは生きてる？　生きてる？　生きてる？
おお、ここがＩＣＵじゃなければ、世界中の祈ってくれた人たちに叫びたいよ。
すごいぞ、すごいぞ、ぼくはいまここに生きてるぞぉぉぉ――！
病気になるまでは、これがほしい、あれが足りないと不満ばかりならべてきたけど、
『生きてるだけで100点満点！』じゃないか。
点滴に鎮痛剤がはいっているけど、麻酔が切れると腹の痛みがもどってくるな。
ん、あれはなに？　白い天井になにかぼうっと顔が浮かんでる。
あっ、だんだんおかあちゃんの顔にみえてきた。あのちょっとはにかんだ微笑《ほほえ》みがな

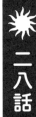

つかしいなあ。おかあちゃんは１９９３年に61歳で亡くなってるよな。親子３代この病院で手術したけど、三度目の正直でぼくは助かったみたいだ。ん、今度はお父ちゃんの顔になってきたぞ！　こんなやさしい顔だったっけ。お父ちゃんも２００２年に71歳で亡くなってる。会いにきてくれたんだね！　おっ、母方の祖父母、尺八の先生だった孝太郎じいちゃんや、みんなから慕われていたフミばあちゃん、父方の祖父母、ギャンブラー松吉じいちゃんや、美味しい親子丼をつくってくれたトヨばあちゃんもにこにこ笑ってる。亡くなった人だけじゃなく、生きてる妹や、叔父さんや叔母さん、ぼくを支えてくれた恋人や友人の顔がつぎつぎに浮かんでくる。みんな、心配かけてごめんね。ぼくを生かしてくれてほんとにありがとう。――やがて、名前もはっきり思いだせない小中高の同級生たち、旅で出会った外国人たち、ぼくのライブにきてくれた観客たち、無数の顔が走馬灯のように浮かんでは消えてゆく――。うわっ、なんじゃこりゃあ！　枕がびっしょり濡れてる。

おてんとうさま　うれし涙だよ。

AKIRA　おお、また地球で会えましたね。おてんとうさまのおかげで手術は成功しました！

おてんとうさま　いや、あんたの生きようとする意志と、『ガーディアンズ』のおかげだよ。

AKIRA　えっ、ガーディアンズって？

おてんとうさま　天井に浮かんできた人々。それがあんたの命を支えてきた守護者ガーディアンズさ。**どんなに孤独な人だって、たくさんのガーディアンズに守られてきた。**

家族や親戚、友人や恋人、教師や恩師、助けてくれた警察官や消防士……。

目にはみえないガーディアンズもいる。死んだ家族や仲間たち、祖先や守護霊、草木や大地に宿る精霊さえもあんたを守っているんだよ。

AKIRA　**あんたの命は、あんただけのものじゃない。無数の愛に支えられていまここにある！**

ああ、本当にぼくは「自分の力だけで生きてきた」と思いあがっていました。

「どうせ自分の命だからいつ死んでもいい」って。

でもこれからは、ぼくに無償の愛を注いでくれたガーディアンズに一滴も涙をこぼせるのはいやです。生きて、生きて、生きて、ぼくがもらった愛情に恩返しします。

おてんとうさま　よくぞいった！　**あんたが出会ったガーディアンズは、数十億の人口から天文学的な確率で選ばれた、あんたの教師たち**なのさ。

AKIRA　おおー、胸の奥からマグマのような感謝が突きあげてきます。

おてんとうさま　うふふ、感謝の筋トレがはじまったようだ。本気で感謝できる人のまわりには、人も幸運もお金も喜びも集まってくる。

ガーディアンズに感謝できたとたん、人生はおどろくほど好転してゆくよ！

第五章
人を変えたいのなら、あなたが変わりなさい

二九話　永遠の幸せを手にいれる方法
三〇話　人は愚かだからこそ愛しい
三一話　負けるが価値!?
三二話　究極の奥義『アダオン』とは？
三三話　情報ではなく、『愛情』を伝える
三四話　『苦ラベル』のはがし方
三五話　人を変えたいのなら、あなたが変わりなさい

二九話　永遠の幸せを手にいれる方法

〈術後1日目〉

AKIRAのひとりごと

切りとったぼくの胃袋を妹と叔母がみたそうだ。

胃を4分の3、転移がみられるリンパ節や胃と胆のうの体脂肪を切除したという。

今晩はこのICUで安静にして、明日大部屋に移される。

ベッドで動けなくたって、心臓は脈打ち、自分の頭で考え、笑うことさえできるんだ。**「この世で起こるすべてのことは、命の喜びに目覚めるために用意されている」**って、この感覚だったのか。ぼくはこの喜びを、一生をかけて伝えていく。

「生きることは、喜び以外のなにものでもない！」

おてんとうさま　**よくぞいった！**

AKIRA　わっ、痛たたた、いきなりでかい声で登場するのやめてくださいよ。ちょっと腹筋が動いただけで激痛が走るんですから。

おてんとうさま　堪忍信濃の善光寺。じゃあ、手術をがんばったごほうびに『永遠の幸せを手にいれる方法』を伝授しよう。

ＡＫＩＲＡ　おお、それこそ生きてる人全員がもらいたいプレゼントじゃないすか！

おてんとうさま　ああ、生きてる人全員が幸せになりたいと願っている。しかし**永遠の幸せを手にいれるには、幸せを捨てなくてはならない。**

ＡＫＩＲＡ　？？？　なにがなんだかチンプンカンプン〜。

おてんとうさま　**つまり人生の目的を『幸せ』から『学び』に変えなくてはいけないのさ。**七話でいったように**「人は神様になる修行をするためにこの世にやってくる」**。二五話でみたように**「人は魂を成長させるために地球へやってくる」**。**人は『幸せ』のためじゃなく、『学ぶ』ために生まれてきたんだよ。**

ＡＫＩＲＡ　ちょ、ちょっと、待って。自分で考えさせてください。ううむ、たとえばぼくの病気も、幸せを目的にすると、治った瞬間だけが幸せで、闘病生活は不幸になる。そこで人生の目的を『幸せ』から『学び』に変えてみる……。病気のおかげで『自己犠牲の罠《わな》』にも気づけたし、自分で自分を幸せにすること、命への感謝を『学べた』と思えば、不幸じゃなくなるのか。

おてんとうさま　まあまあ、そうこんをつめねえでさ。

AKIRA　シャラップ！

おてんとうさま　ひょう〜、おっかねー。

AKIRA　あたしゃ神様に「シャラップ！」なんていった人間、はじめてみたね。

おてんとうさま　いいから、黙って。自分がしでかした失敗や、予想できない不運や不幸……それらを魂が成長するための『学び』だったと思えれば、**人生で起こるすべてのことが「学びの幸せ」に変わるのか。**

AKIRA　ウオォー、こりゃあ天動説から地動説のコペルニクス的発想の転換だあ！

おてんとうさま　にいさん、終わったかい（なんで神様が気い使うのさ）。まいったね、あんたの集中力と学習能力にゃ。**幸せは、『なる』もんじゃなく、『気づく』ものだ。命という奇跡の贈り物を抱えてる限り、『永遠の幸せ』を手にしているってことにね。**

AKIRA　ああ、ぼくは四つ葉のクローバーを探して、三つ葉を踏みにじってきたようなものだ。自分の命も人の想《おも》いも踏みにじり、「幸せをくれ」ってだだをこねてた。

おてんとうさま　ほら、『学び』の視点からあんたの人生をふりかえると、**不幸も失敗も、すべていまのあんたになるための最高の学び**だった。**あんたの人生は、過去も現在も未来も永遠に幸せだった**んだよ。

AKIRA　痛たたた、感動しすぎて腹が割れる〜。

三〇話　人は愚かだからこそ愛しい

〈術後2日目〉

AKIRAのひとりごと

背中についていた痛み止めのチューブと、尿管カテーテルが抜かれたぜ。ついにひとりでトイレにいける。『プー』がでたら、腸が癒着しないで活動してるサインだって。そして『プー』の祝砲とともに、なんと水の祝杯があげられる！

よーし、大冒険に出発だ、目指すは5メートル先のトイレ。いてて、点滴棒をつえ代わりに最初の一歩を踏みだす。むっちゃ猫背でよろけつつトイレ到着！　痛いけど、りきめ、りきめ……チョロ～。おー、初オシッコできた！

とそのとき、えんりょがちな祝砲が『プ～』。うおー、そのままナースステーションにかけこむ。「きましたきました、『プー』がきました！」

ごほうびに、ガラスの吸い飲みで、雀《すずめ》の涙ほどの水をすする。

うっめ～、これぞまさしく天の恵みだ！

おてんとうさま　めでたいねえ、人も地球も水が7割。噴水のある公園では犯罪が8分の1も少ないそうだ。
1万4000年も平和文明を築いてきた日本の**『争わない技術』**を伝授しよう。

AKIRA　口ゲンカでさえむっちゃ消耗するし、何日もひきずりますからね。

おてんとうさま　飛鳥時代の歌人、柿本人麻呂の歌にこうある。

「しきしまの大和の国は言挙げせぬ国」

『言挙げ』は無意味な言葉で、日本はむだな言い争いをしない国だといっている。

日本は神代から**『神議《かむはか》り』**という話しあいですべてを決めてきた。

2680年もつづいてきた天皇制も政治家を争わせないためだし、国家が米を蓄えて被災地に分配するのも国民を争わせないシステムさ。

AKIRA　現代の弱腰外交とか、政治家の根回しみたいな忖度《そんたく》もですか。

おてんとうさま　ふふ、いってみればそれもそうね。『忖度』はもともと**「人の気持ちを思いやる」**っていい意味だけどね。

中国で書かれた『三国志』の「魏志東夷伝《ぎしとういでん》」（280年前後）のなかに、古代日本にやってきた魏の使いによる日本見聞記がのっているよ。

「人々は物ごしがやわらかで、人をみると手を摶《う》って拝んであいさつをした」

すべての人は太陽の子供だから、異国人も同じように敬ったんだね。

では、対人関係の極意**『御互様《おたがいさま》』の法**を伝えよう。

AKIRA　「困ったときはおたがいさま」とかの慣用句じゃなく、擬人化された神様なんですか。

おてんとうさま　いや、『御天道様』や『御陰様』と同じ、宗教を超えた『真理』だね。
『御互様』のおどろくべき点は、**「愚かさを認めあう」**ところさ。
ケンカするときは、自分の愚かさを棚にあげて正義を主張しあうが、この魔法の言葉「おたがいさまじゃないか」をいうと、棚にあげた愚かさがひっぱりおろされ、ピタッとケンカがやんだそうだ。
過ちを許し、他者を敬い、困ってる人を助け、争いを最小限に抑える。じつにみごとな『共存共栄』の知恵じゃないか。

AKIRA　美女も偉人も「プー」をする。人間は弱く、愚かしく、ズルくて、セコくて、腹黒い。

おてんとうさま　そして、**ときどき崇高さ。**この崇高さを輝かせるために、あたしはわざと人間を不完全につくったんだよ。**ひとりひとりが不完全だからこそ、人はたがいが欠けている部分を補いあい、支えあい、助けあい、愛しあうのさ。**

AKIRA　ロシアのSF映画で「完全なAIより人間のほうが優れている。なぜなら人間の愚かさが思わぬ進化を生んできたから」というのがありましたね。

おてんとうさま　そう、善良さや美しさだけでなく、**愚かさや醜さがあって『人間の全体性』が完成する。**人の善良さだけをみて「あなたを信じる」といい、悪いところをみたとたん「裏切られた」と手のひらを返すのは、『人間を信じる』ことじゃないんだよ。

『人間を信じる』ってのは、愚かさや醜さをふくめて、その人の存在を丸ごと抱きしめてあげることさ。**本当にその人が好きなら、その人の欠点を愛しなさい。**

三一話　負けるが価値!?

〈術後3日目〉

AKIRAのひとりごと

待ちに待った食事解禁！　さあ、カレーでもとんかつでももってきやがれ。って白いトレイにのせられて運ばれてきたごちそうは……ウエハ～ス！ウエハ～スって、ものすごく全身の力が抜ける響きだこと。

おてんとうさま　ほっほっほ、たしかに「ハ～」でへなってなるわね。よし、今日は**『負けることのすばらしさ』**を教えてあげよう。ジャンケン、いくわよ。あとだしであいこをだしてみな。ジャンケン、グー。

AKIRA　グー（なに、いきなりその展開？）。

おてんとうさま　あいこの得意な人は協調性がある。じゃあつぎに、あとだしで勝ってみな。ジャンケン、チョキ。

AKIRA　グー（かんたんー）。

おてんとうさま　勝つのが得意な人は積極派さ。じゃあつぎに、あとだしで負けてみな。

AKIRA　ジャンケン、パー。

おてんとうさま　あれ、チョキじゃなくて、パーということは……グーか！

AKIRA　どんくさいねえ。じゃもう1回。ジャンケン、グー。

おてんとうさま　あれれ、グーだから……パーじゃなく、えっと……。

AKIRA　ほほほ、なんで負けるほうがむずかしいか、わかるかい？

おてんとうさま　だって、負けるジャンケンなんてやったことないし、運動会も受験もケンカも、**勝つのがよくて、負けはダメって、子供のころから何年もたたきこまれてきたし。**

AKIRA　桃栗3年、柿8年、となりの夫婦はあと1年ってね。

おてんとうさま　ようするにあんたは、**『負ける授業』を受けてない。親も先生も、勝てよ勝てよの一点張りで、負けるすばらしさを教えない。**

そんじゃあ、あんたが柔道部にはいったとしよう。投げと受け身は、どっちからやりたい？

AKIRA　そりゃあ、かっこいい投げからですよ。

おてんとうさま　ったく、トウシロ（素人）はこれだ。**受け身を知らない初心者が投げからはじめたら、全員骨折、**1日で休部になっちまう！

AKIRA　どんな武術やスポーツだって防御や守備から教えるよ。なのに、学校じゃ『負ける授業』をしないどころか、**負けは人生の敗北者、人間失格、社会のクズ**と教えこむ。
社会にでたら、あらゆることがはじめてで、負けた負けたの連続さ。誰でもふつうのことなのに、**自分で自分をダメ人間と思いこみ、自分で自分を傷つけ、うつになったり、自傷をしたり、自殺にいたることもある。**

おてんとうさま　ちょっと怖い思いをしました。塾に通う小学生がホームレスのおじさんをみて「ああなったら終わりだね」って小声で笑っていたんです。

AKIRA　ゾゾッ、子供まで競争社会に毒されてきたか。
ぼくのじいちゃんは日光でおみやげ屋をやってて、家康の掛け軸にこうありました。**「勝つことを知りて負くることを知らざれば、害その身にいたる」**って。

おてんとうさま　さすが、戦国時代を終わらせた徳ちゃん。近代日本だって戦争に負けながら、アジアを植民地から独立に導いたじゃないか。
勝つことは、もともともってる実力を相手に押しつけるだけだから、成長しない。**負けることは、相手の力をゲットできる**から、**大きく成長できるのさ。**
なにより**『負けるが勝ち』**と知ってれば、どんどんチャレンジできるだろ。
じゃ、なんであんたは100か国も旅してきたんだい？

AKIRA
おてんとうさま

まあ、言葉も、肌の色も、食べ物も、考え方も、習慣もちがうんで、道に迷ったり、ボラれたり、危ない目にもあいますが、知らないことをたくさん学べるんです。

ほうら、毎年何百万も授業料払って『負ける授業』を受けにいってるじゃないか。

なんであんたが負けたかわかるかい？

挑んだからだよ！

挑まぬ人に敗北はない。しかし勝利もありえない。

負けの少ない人は強い人じゃなく、挑まない人さ。

負ければ負けるほど、人生は豊かになり、人はやさしくなる。

人は敗北からしか学べない。

負けることにはすばらしい価値があるんだよ。

三二話　究極の奥義『アダオン』とは？

〈術後5日目〉

AKIRAのひとりごと　3分粥《がゆ》から5分粥だぜぃ。胃袋が4分の1だから、リスみたくチマチマかんで、お碗《わん》半分食べるのに30分かけないと、食べ物が直接小腸に流れこむダンピング症候群てのに苦しむらしい。冷や汗かくし、全身だるくて、体重も5キロ減ったよ。

おてんとうさま　毒舌なデブおばさんからすると、うらやましいね。

AKIRA　まだ根にもってんすか。傷つけてすいませんでした！　昨日ね、となりのベッドの社長さんに、ぼくの千羽鶴が雑菌だらけだから撤去しろっていわれましたよ。

おてんとうさま　ちょうどいい。悪意の言霊**「コトバノナイフ」の対処法**を教えとこう。人間は数十万年前にはじめた直立歩行のおかげで、のどの圧迫が減って、咽頭腔《いんとうくう》（鼻の奥）と喉頭腔（のどの奥）に遺伝的な変化が起こり、言葉を話せるようになったっていうね。人類の大躍進は、**言語が最大の原動力**となったのさ。しかし言葉は文明もつくるが戦争も起こす。人も救うが殺しもする。

AKIRA　そうそう、他人のなにげないひと言でグサッと傷つくもん。

おてんとうさま　いや、他人はあんたを傷つけられない。
あんたを傷つけられるのは、あんた自身しかいないんだよ。

AKIRA　初耳っ、自分で自分を傷つけてるなんて、そんなバカなあ。

おてんとうさま　他人は「これであんたを傷つけなさい」とコトバノナイフをわたす。
それを受けとったあんたが「はい」と自分で自分をグサグサさしまくるのさ。
とくに自尊心の低い人ほど、「傷つけなさい」といわれたのだから「傷つけなければいけない」と思いこんじまう。
あんたはそのナイフをポイと捨てちまえばいいのさ。

AKIRA　えっ、目からウロコ！　いった本人はとなりでグーグーいびきかいて寝てんのに、いわれたぼくが傷ついて眠れないなんて、たしかにアホらしいわ。

おてんとうさま　『コトバノナイフ』の反対は**『コトバノホウタイ』**さ。
あんたが誰かをなぐさめたり励ましたりして言葉の包帯を巻いてあげると、その人がまた誰かに包帯を巻き、**ポジティブな連鎖が広がっていく。**

AKIRA　そうだ、いまのあんたなら、究極の奥義を教えていいかも。

おてんとうさま　な、なんです、そのもったいぶった究極の奥義って？

AKIRA　ぬふふ、恩を仇《あだ》で返す『オンアダ』ならぬ、仇を恩で返す**『アダオン』**さ。

コトバノナイフを受けとったら、リンゴをむいてその人に返してあげなさい。

いやなことをいわれたら、**逆にその人をほめる。**

いやなことをされたら、**親切で返してしまいなさい。**

ふいをつかれた相手はあんたに好意をいだき、鼻高々に自分の体験を語ってくれる。

敵をいきなり味方に変える、チョーお得な必殺技さ。

おてんとうさま　あっはっは、笑えるくらいむずかしそうな必殺技！　でもおもしろそうだから社長さんで試してみるか。

AKIRA　『アダオン』をマスターしたら、あんたは人類全員を味方につけられるよ。

おてんとうさま　ほい、ここにリンゴおいとくから。

三三話　情報ではなく、『愛情』を伝える

〈術後7日目〉

AKIRAのひとりごと

わき腹にささってたドレーン管が抜けた。

ついに全粥、『銀シャリ様』だあ！

そうそう、となりの社長さんの奥さんと娘さんがきて、家族のアルバムをおいていった。社長さんが涙声で「ありがとう」っていったら、奥さんが「結婚生活20年目で、はじめてあんたからありがとうっていわれたわ」って笑ってた。

社長さんにむいたリンゴあげたら、ほんとに仲良くなっちゃったよ。

仇を恩で返す**『アダオン』**、ネーミングはともかく、効果抜群だな。

おてんとうさま

あたしにネーミングセンスがないっていいたいのかい。

AKIRA

ひえっ、究極の奥義のおかげで社長さんと仲良くなれました。社長さんが自分の人生を語ってくれて、苦労話や成功のアドバイスまで教えてくれたんです。

おてんとうさま　ふっ、あんたを『味方』って認識したんだね。人間の脳には、自分の『味方』と『敵』しかいないのさ。『味方』の話は聞くが、『敵』と判断すると、**脳がその人の話をシャットアウト**しちまうんだよ。では、日本伝統の**『言霊コミュニケーション』**、略して**『タマコミ』**を伝授しよう。

ＡＫＩＲＡ　ぷっ、なんだよ、『タマコミ』って。いや効果あるかもしれないんで聞いとこ。

おてんとうさま　なんかいったか？　いくよ。

１、情報ではなく、『好意』を伝える。
２、相手の存在を全肯定する。
３、相手の共通言語に合わせる。
４、『なに』を伝えるかでなく、『どう』伝えるか。

ＡＫＩＲＡ　情報ではなく好意を伝えるというのは、異性間だけでなく、ビジネスもですか？

おてんとうさま　そう。恋人同士の長電話、仲間同士の冗談や、ビジネスのプレゼンさえも、**すべての人は、あんたの自分に対する『愛情』を確認したい**のさ。あんたの愛情が確認できれば、その情報も有益なものと判断する。言葉のために愛情が生まれたんじゃなく、**愛情を伝えるために言葉が生まれたんだよ。**

ＡＫＩＲＡ　でも、取引先の相手や初対面の人にいきなり好意は感じられないでしょう。

おてんとうさま　三〇話でやった**『人は愚かだからこそ愛《いと》しい』**を実感できれば、初対面の人でも、取引先の相手でも、悪意をもった人間でさえも、**『御互様』**と思えるじゃないか。

AKIRA　ぼくそんなに心が広くないし、とても人間を全肯定できる境地までいけませんよ。

おてんとうさま　あんたの目の前にいる人は、**神様のメッセージをあんたに届けにきた『神の使い』**だと思いこみなさい。そうすると、こざかしい心理操作とか考えなくても、**脳が最適な言葉を勝手に選んでくれる**のさ。

AKIRA　思いこむか。では、**相手の共通言語に合わせる**というのは、どういうことですか。

おてんとうさま　あんたは、どうやって外国語をおぼえたの？

AKIRA　はあ、発音やアクセントなどを耳コピし、表情や身ぶり手ぶりをモノマネします。

おてんとうさま　日本語同士も同じだよ。**相手の年齢、性別、性格、話し方にこちらから合わせる。**ラジオのように**波長が近づくほど共振して、話が伝わりやすくなる。**

AKIRA　最後の『なに』を伝えるでなく、『どう』伝えるかは？

おてんとうさま　英語でいえば『Ｗｈａｔ思考』より『Ｈｏｗ思考』が１００倍大切ってことさ。『なに』を伝えるかの『Ｗｈａｔ思考』は、相手のことなどどうでもいい。『どう』伝えるかの『Ｈｏｗ思考』は、相手に合わせて伝え方を探してくれる人だよ。**脳はＷｈａｔ思考する人間を『敵』、Ｈｏｗ思考する人間を『味方』と判断する。**

AKIRA　すげー**『タマコミ』**、即、実戦に役立つ武器だわぁ。

おてんとうさま　はっ、さりげなくネーミングをディスってる。おまえは敵だ！

三四話　『苦ラベル』のはがし方

〈術後10日目〉

AKIRAのひとりごと　囚人の鎖みたいな点滴もとれ、軟飯というやわらかご飯と煮魚に大満足！　よし、屋上で社会復帰の練習をしよう。旅行用のミニギターで歌ってみるか。ああ〜、やっぱ外にでると解放されるね。いけないこともしちゃおうかな。倉庫の裏にまわりこんで密輸タバコを一服だけ。よしよし、誰もみてないようだな。

おてんとうさま　ゴラァア！

ふたり　（せーの）「誰もみてなくても、おてんとうさまはみてる！」

AKIRA　痛てってて、腹が裂ける。

おてんとうさま　ほっほっほ、あたしなんか、毎日巨大な雲を吐きだしているヘビースモーカーさ。

AKIRA　寛大なお心に感謝して一服。ふあ〜、ひさしぶりのタバコ、くらくらしてうめえ〜。治ったら酒とタバコももどりそうだな。人と比べて意志が弱いんですかねえ。

おてんとうさま　京都にある華厳寺の住職がうめえこといってたよ。みんな自分で自分に**『苦しみのラベル』**をはっている。そいつを**『苦ラベル』**って、**『比べる』**のシャレでしょ。人間は比べることで自分を知り、進歩していくんじゃないですか。

AKIRA　あたしからみると、『比べる』はゴールのない欲望競争さ。ありもしないしゃくし定規に当てはめて、自分はこの子よりかわいい、でもあの子には負けるって、天国と地獄をジェットコースターで行き来する。

おてんとうさま　『苦ラベル』をはがさない限り、あんたは自分を愛せない。**人間の苦しみのほとんどは『比較』からはじまり、自己否定や自尊心の放棄、他者への嫉妬や嫌悪、批判や争い、戦争にまで発展していく**よ。

AKIRA　戦争で思いだしたんですが、なんで1万4000年も平和がつづいた縄文時代から弥生時代にはいると、急に集団の争いがはじまるんですか。

おてんとうさま　ああ、弥生時代には武器によって殺された骨がたくさん見つかってるけど、大陸よりは平和に棲《す》み分けができていたようだよ。大陸を追われた個人主義の人々が『比べる』と『所有』をもちこんだのかもしれないね。

「あんたの田んぼよりあたしの田んぼは米がとれる」から「あたしはあんたより偉

い」とか、「ここはあたしの田んぼだ。あたしの水を横どりすんじゃねえ」とか、**『比較』と『所有』っていう競争社会のタネ**が植えつけられた。

AKIRA　そうはいっても、ものに囲まれた現代人は、すぐに『所有』を捨てられないですよ。
どうすればいいんですか。

おてんとうさま　天皇の大《おお》御《み》宝《たから》を政治家が預かるように、『所有』ではなく、**神様から『お借りしてる』って考えなさい。**むかしから日本人はこの世を**「仮の宿」**と考えた。あんたの体も自然も、買った持ち物も、マイホームも車も、夫や妻や子供さえ、**すべて神様から『お借りしてる』って考えれば大切にできる**じゃないか。

AKIRA　そうか神様からお借りしてる体ならいたわらなければいけないし、家族や他人も傷つけられない。子供にも自分の考えを押しつけられないし、身のまわりのものも大事にできる。
逆にものが壊れても災害で家が崩れても、事故で愛する人を失っても、神様にお返ししたって考えれば悲しみも少し軽くなる……。
『比較』も人間の本能じゃないなら、捨てることもできるんですか。

おてんとうさま　できるよ。世界で唯一比べるものは、**『昨日までの自分』**と気づきなさい。
あんたのライバルは世界でひとり。**『昨日までの自分』を超えていきなさい。**

三五話　人を変えたいのなら、あなたが変わりなさい

〈術後12日目〉

AKIRAのひとりごと

病理検査の結果待ちだった退院の日が、ついに決まった！
検査の結果は予想よりヤバくて、リンパ節を7か所切除、ステージⅢAという。ガン細胞は粘膜から筋層を越え、しょう膜まで浸潤していた。ここまで深いと腹膜転移がよくあるが、腹膜を食塩水で洗って調べると、まだ転移は見つからない。
TS－1という抗ガン剤をすすめられたよ。倦怠感《けんたいかん》はあるが、自宅で飲めるという。気がつくと「わかりました、抗ガン剤をやりましょう」って答えていた。
抗ガン剤の情報を調べるとヤバい話ばっかでてきて、悩むよねえ。

おてんとうさま　ほらほら、暗い顔してないで、せっかくお風呂の許可がでたんだから、屋上温泉でもいっておいで。

AKIRA　いっしょにどうですか。おてんとうさまの体温ってどれくらい？

おてんとうさま　摂氏6000度。

AKIRA　げっ、一瞬でお湯もぼくも蒸発しちゃうから！

おてんとうさま　あちち、でも、ぴりぴり刺激がたまらんぜ、ふあ〜極楽、極楽〜。

AKIRA　江戸時代の風呂は47度だよ。しかも混浴。

おてんとうさま　（ザバー！）こ、混浴があたりまえですと⁉

AKIRA　なに、いきなり立ちあがってんだい。丸見えだよ！

おてんとうさま　江戸には600軒も湯屋があって、いまのお金で120円だから大繁盛さ。朝風呂、夕風呂、ひまな御隠居なんか月2000円のフリーパスで日に5回もはいった。はいりすぎてパサパサになった乾燥肌を「垢《あか》抜けた」なんて自慢してたよ。体も性格もさっぱりしてて、悪いことがあってもひと風呂浴びれば忘れちまう。「江戸っ子は五月の鯉《こい》の吹き流し」ってね。口は悪いが、腹んなかはからっぽさ。あんたはおつむがからっぽだけどなあ。

AKIRA　……（絶句）。

おてんとうさま　もちろん社交場の銭湯は丸裸、性別も身分も関係ない。湯船にはいるときは、「ごめんなさい、冷えもんでござい」（体が冷たくてごめんなさい）なんていう。湯船での会話は世間話や天気の話で、他人のプライベートに立ち入らないのがルールだよ。江戸っ子はしゃれもんだから、毛切り石で陰毛を擦りきって整えてたね。

AKIRA　ほう、江戸時代からVIO脱毛。で、ゆでダコになる前に本題いってくれませんか。

おてんとうさま　では『和の知恵』に学ぶ**『ストレスフリーな人間関係のつくり方』3大原則**を教えよう。

1、人に期待しない。
2、人の縄張りに踏みこまない。
3、人を変えようとしない。

AKIRA　「人に期待しない」って、なんかネガティブな印象ですけどねえ。

おてんとうさま　**『期待』**って天使の顔をしてるけど、その正体はヒュ～ドロロ～（怪談風に）。**『理想の押し売り』**っていう悪霊なんだよ。自分が勝手にその人の理想である**『偶像』**（アイコン）をつくって押しつける。相手が偶像とちがったことをすると、「ちがう」って勝手に怒りだす始末さ。

だから江戸っ子みたいにさっぱりと、**『期待』=『理想の押し売り』をやめたとたん、人間関係の悩みがほとんど消える**から腰を抜かすよ。

AKIRA　でも愛する子供の将来や、自分の身近な人ほど幸せになってほしいでしょ。

おてんとうさま　大きなお世話さ。たとえば、子育てママが子供を幼稚園のバスにのせるため、「起きなさい、着替えなさい、ご飯食べなさい、のりおくれるわよ」とせかすだろ。誰のためだかわかるかい？

AKIRA　ママが子供をせかすのは、自分が「子供をバスにものせられないダメママ」と批判されるのが怖い。子供のためじゃなく、**自分のためかも。**

おてんとうさま　ゆでダコ野郎がよくわかったね。母親の見栄《みえ》のために叱られる子供はいい迷惑さ。**「私が悩んでいる問題は、本当に私の問題だろうか?」「その問題を放置して困るのは誰だろう?」**と、立ち止まって考えてみな。親が子供の縄張りに踏みこんで、**子供から苦労する権利、失敗する権利、独立する権利を奪っちゃいけないんだよ。**

AKIRA　**3の『人を変えようとしない』**といわれても、大切な子供やパートナーや友人にこうなってほしいってアドバイスして、そうならないと**『コントロール欲求』**がでてくるじゃないすか。

おてんとうさま　これ、とてつもなく重要！　あたしが埋めこんだ自然界のルールと社会性を育んできた人間界のルールの分かれ道はまさに『コントロール欲求』を手放せるかどうかさ。相手を心から信じる『無条件の愛』と自分の都合で信じる『条件つきの愛』のちがいもここなんだよ。

羊飼いの仕事は羊を草原に連れてくとこまでさ。むりやり草を羊の口につめこんじゃいけない。**『人が人を変えることはできない』という普遍的な真実**を知りなさい。どうしても人を変えたいのなら……**あんたが変わりなさい。**

第六章
ささやかな人生こそ世界最高の宝物

三六話　平凡な人生なんてこの世に存在しない
三七話　『天職』の見つけ方
三八話　天の蔵からお金がガッポガッポと降ってくる
三九話　怒らず、恐れず、悲しまず
四〇話　いまもむかしも恋の主導権は女性が握る
四一話　不登校には日の丸ケーキを！
四二話　『命の椅子』をゆずるということ

三六話　平凡な人生なんてこの世に存在しない

〈退院当日〉

AKIRAのひとりごと　シャバだ、シャバだ、シャバダバダ～。病院という牢獄《ろうごく》から出所して、家に帰れる喜びは格別だね～。なつかしい玄関、なつかしいキッチン、なつかしいベッド。ぼくが健康だったころはありがたみに気づけなかったけど、「なんだ天国ここにあったじゃん」って感じ。これも病気とおてんとうさまのおかげだなあ。

おてんとうさま　けっこう日光東照宮！　あんたが住んでる日光は、徳川家康が天道思想から名づけた町さ。あんたが東照宮でつけてもらった名前『明』も太陽と月。あたしの弟子には、ぴったりだね～。

AKIRA　……それにしても、いまにも崩れそうなお化け屋敷じゃないか。

おてんとうさま　失礼な。１００年前に祖父が建て、父もぼくもここで生まれた「家族遺産」ですよ。

そのとおり。家族や友人とすごすあたりまえな日常こそが遺産なんだよ。

「私なんてダメダメの人生です」とか、「ちっぽけな人生です」とかいってる人の話を聞いてみると、とてつもなくおもしろい話がゴロゴロでてくるわけさ。

その人にとっては「平凡」でも、それを経験してない人にとってはおどろきの連続だよ。

AKIRA　わかる、わかる、電車で眉毛抜いてるＯＬさんみて「あなたも愛されたいんだよね」とか、部活へいく高校生に「毎日つらい練習をご苦労さん」とか、奥さんの車椅子を押して歩く老夫婦の姿にわけもわからず泣いちゃいましたよ。

おてんとうさま　だろー⁉　**「平凡な人生」なんてこの世に存在しないんだから。**

一四話でやった**『富』と『名声』と『成功』**がなければ価値がないなんて、思いこまされてるだけ。神話学者のジョセフ・キャンベルは物語の基本パターン『英雄の旅』を発見して、いまでは『スター・ウォーズ』や『ディズニー』、ほとんどのハリウッド映画に『英雄の旅』のパターンが使われている。

キャンベルがいうには、**「英雄というのは命がけで人を守る。だったら命がけで出産して子供を守る母親こそが真の英雄じゃないか」**ってね。

AKIRA　それでぼくの知りあいの主婦を思いだしました。彼女は若いころマザー・テレサにあこがれてインドへボランティアにいったことがあるんです。

結婚してから息子を授かり、子育てが一段落すると、「自分はマザー・テレサのようになにか大きな使命があるのに、平凡な主婦におさまってる」と悩んでるうちにキッチンドランカーになっちゃうんです。

おてんとうさま　旦那さんが病院関係者だったんで、何人かの精神科医に彼女を診せたんだけどよくならない。そこで当時はまだあやしまれていた『退行催眠』を彼女に受けさせるんです。

ＡＫＩＲＡ　あれだね、子供のころや生まれる前に催眠で誘導する、『前世療法』ってやつ。

おてんとうさま　そうです。はじめ彼女も疑っていたんですが、3回目くらいに彼女のハイヤーセルフがあらわれたんです。明らかに彼女の声とはちがう年配男性の声でこういわれました。「今世でのあなたの使命はマザー・テレサよりもむずかしい偉業だ。それは**『身近な人を愛すること』**である」

ＡＫＩＲＡ　おっほっほ、そのとおり！　スピリチュアル系の人は、自分の前世はマリー・アントワネットだとか、ナポレオンだとか思いたがるけど、精神世界を現実逃避に使っちゃいけないよ。前世療法ででてくるほとんどが平凡な庶民さ。

この世と天国のルールは逆さまで、革命を起こすよりも『身近な人を愛すること』のほうがむずかしくて高得点なのよ。

おてんとうさま　彼女にもそれがふに落ちて、お酒をやめ、息子や旦那さんを大切にし、幸せな家族にもどれたそうです。

二五話で**『不幸』は、あんたの魂が選んだ最高の『ギフト』**っていったけど、その経験をひとりでしまいこまず、みんなにも分け与えてほしいのよ。

みんなが堂々とダメダメ人生をさらし、語ることによって、同じ苦しみを抱えている人たちの勇気と希望になるからね。

三七話　『天職』の見つけ方

〈退院2週間後〉


AKIRAのひとりごと　復活ライブの第一弾が葬儀屋さんの入社式って、笑う〜！

会場を棺桶《かんおけ》サンプルがぐるりと囲み、これにはいるはずだったぼくが歌う。

手術から20日しかたってないんで、腹が割れないかビビったよー。

いままでは**『命の傍観者』**だったけど、病気のおかげで**『命の当事者』**になれたんだ。

おんなじ歌を歌っても、ビンビン伝わるんで、びっくりしたね〜。

ライブが終わってホテルの窓から夕陽《ゆうひ》をながめよう。

おてんとうさま　あたしは窓の外からみてたんだけどね、すばらしいライブだったよ。
観客はみんな涙して、あんたも最後にうれし泣きしてたね。

AKIRA　いやあ、一度死にかけて、仕事にもどれる喜びは格別でした。

おてんとうさま　じゃあ今日は、生きていくのに欠かせない**仕事の知恵**を教えよう。

AKIRA　戦国時代にふんぞりかえっていた武士も、太平の世じゃ役に立たない。
おてんとうさま　そこで、徳川幕府は武士をサラリーマンにしちまった！
AKIRA　えっ、サムライサラリーマンって！（笑）
おてんとうさま　「武士は食わねど高楊枝《たかようじ》」、武士道の高潔な倫理観が管理職の腐敗を防いだのさ。
AKIRA　サムライサラリーマンの給料は、いまのお金ならいくらくらいなんです？
おてんとうさま　まあ、平均年収500万円から、下っぱは年収25万円ってとこかね。
AKIRA　えっ、それじゃ食っていけないでしょ！
おてんとうさま　まあ、武士は高い教育受けてるから知恵を絞るわ。
そこで内職よ。甲賀忍者は傘張り職人、伊賀忍者なんか鈴虫の養殖やって稼いでた。
AKIRA　ええっ、闇の暗殺集団が、鈴虫のブリーダーですか！（笑）
おてんとうさま　サムライは現代の起業家だね。凧《たこ》や朝顔、金魚や盆栽ブームを巻き起こしたよ。
日本各地の藩だって、参勤交代の資金を捻出するために、名産品を生みだす。
鯉《こい》料理で有名な米沢藩は、城のお堀で鯉を養殖してたんだから、のどかだねえ。
マンガの元祖「黄表紙」を生んだ恋川春町も、駿河国小島藩の武士だった。
AKIRA　あっはっは、封建社会どころか、これほど庶民が自由を楽しみ、それぞれの幸せを追求できた社会なんか、世界中探してもないいんじゃないの。
なんかむかしの日本人のほうが仕事を楽しんじゃってる気がしますね。

おてんとうさま　職業に貴賤《きせん》はないが、**働き方に貴賤がある**ってことよ。

むかしの人は、働くを**「傍（はた）」を「楽（らく）」にすることだ**といった。

江戸っ子も、仕事と遊びとボランティア、3つをうまく組みあわせてたよ。

「朝飯前」に近所をまわり、お年寄りの世話をする。午前は自分の仕事をし、午後は地域のボランティア。夜は明日に備える「明日備《あすび》（＝あそび）」でストレス発散だ～。

AKIRA　ほ～、自分の仕事に誇りをもって、生き生きと働き、人を喜ばせるって理想ですね。

おてんとうさま　武士の心得『葉隠』の口述者、山本常朝もこういってるよ。

「人間の一生は誠にわずかの事なり。好いた事をして暮らすべきなり。夢の間の世の中に、**好かぬ事ばかりして、苦しみて暮らすは愚かな事なり**」ってね。

AKIRA　給料の高さとか、地位じゃなく、好きなことをやって暮らすのがいちばん幸せだと。その天が与えた職業『天職』を見つけるにはどうすればいいんですか。

おてんとうさま　**『トキメク』ほうを選びなさい。**

理性や理屈じゃなく、あんたの『トキメキセンサー』に耳を澄まし、直感がトキメク講演やイベント、カルチャー教室やワークショップにでかけていき、『トキメク』ことにチャレンジする。

『トキメク』ってもんがあれば、仕事と二足のわらじでスキルを磨き、ここぞってところで転職する。一時的に収入はさがっても、**「我慢料」は低賃金だが、「喜び料」は**

上限がない。喜びに比例して収入もどんどん増えていくはずさ。
なにより**親が喜びながら仕事してる姿は、子供にとって最高の教育**さ。

AKIRA
そっ、そういう具体的アドバイスがほしかったんです。

おてんとうさま
これなら初心者も動ける。
動いて、ころんで、すりむいて、自分のいちばん好きなことを見つけていきな。

三八話　天の蔵からお金がガッポガッポと降ってくる

〈退院2か月後〉

担当医　どうですか、TS－1はきちんと飲んでいますよね。

AKIRA　ライブってものすごい集中力と瞬発力がいるんです。抗ガン剤を飲むと、どよ～んってなるんで、ライブ前には飲んでません。

担当医　なに勝手な飲み方をしているんですかっ！　そんなライブはやめなさい。

AKIRA　ライブはぼくの生きがいです。もう抗ガン剤なんていりません。**自分で治してみせます！**

おてんとうさま　ほっほっほ、いい気っぷだねえ。あんたらしくていいじゃないか。

AKIRA　いやあ、売り言葉に買い言葉でやめちゃったの、後悔してます。自分で治すったってサプリは高いし、保険のきかない治療費もかかるし、50万円の温熱マットもほしいし、金かかるなあ。

おてんとうさま　じゃあ、あんたがいちばん聞きたい**お金の話**をしようかね。

AKIRA　よっ、待ってました！　ねえねえ、**「江戸っ子は宵越しの銭はもたねえ」**ってほんとなんですか。

おてんとうさま　ああ、「江戸っ子のできそこないが金を貯《た》め」ってね。銀行もないし、長屋は鍵もかけないし、火事も多いから職人は仕事がいつでもあったのさ。

市民が町の問題を解決する「講」や仲間でお金を融通しあう「無尽」、貧乏人でも助けあって食っていけたから「金を貯めるのは粋じゃねえ」ってなったんだろうね。

ではそろそろ、**天の蔵からお金がガッポガッポと降ってくる仕組み**を教えよう。

AKIRA　世界を創造したおてんとうさまともあろうものが、ガッポガッポですか？

おてんとうさま　あんた、「お金は汚い」「金持ちは悪人」って刷りこまれてるね。

もともとお金は、人を幸せにするため生まれてきたんだよ。

物々交換だと干し魚と草履をピンポイントで交換できるまで何日も市場に通わなきゃなんない。めんどくささを解消するためお金は発明されたのさ。

お金の法則は**『喜びの循環』**よ。江戸っ子のように流れを止めない。貯金するほど貧乏になる。ポイントを貯めるほど貧乏になる。

AKIRA　ええーっ、なんで貯金すると貧乏になるんですか！

おてんとうさま　**「貯める」たび「私は貧乏だ」って天に宣言してる**んだから。お金自身にも人格があって、より多くの人を喜ばせたいと思っている。

喜びを貯めこみ独り占めする人にはいきたがらない。**喜びに使ってくれる人に集まるのさ。**

AKIRA　なるほど。アメリカインディアンに**『ポトラッチ』**という習慣があって、宴会を開いて**自分の持ち物をすべて与えつくしちゃう**んですよ。財産がなくなっても、つぎの人が開くポトラッチでまたはいってくるからだいじょうぶなんですって。

おてんとうさま　『和の知恵』とおんなじだねえ。お金でも恩でも与えつくす人のところへは、「天の輪」をまわってよりたくさんの幸せがめぐってくる。**お金や幸せがほしければ、まず自分から送りだすことさ。**

AKIRA　『引き寄せの法則』みたく、なにもしないであれがほしいとか思ってるだけじゃダメなんですね。なにか法則のようなもんでもあるんですか。

おてんとうさま　天国には**『天の蔵』**という銀行がある。みえない世界の『天の蔵』が、あんたらに見えるお金を分配してるのさ。
『天の蔵』では、お金を**『陰徳』**と呼び、貨幣単位は**『徳』**という。迷ったときには、**「得」より「徳」を選びなさい。**自分や人を喜ばせると**『陰徳貯金』**が増えていく。

AKIRA　いいことするのに、なんでこそこそ隠れんですか。

おてんとうさま　誰もみてない**『陰徳』は、賞賛目当ての『陽徳』よりも貨幣価値が高い**のさ。

あんたは火事で老婆を助けて1万徳が積まれたけれど、新聞にのって5000徳に減った。

AKIRA　あ〜、新聞社のインタビュー断ればよかった。

おてんとうさま　**『陰徳貯金』が満期になると、この世の現金になって、ガッポガッポと降ってくる。**

AKIRA　おおー、そのシステム、早くいってよねー

おてんとうさま　そう欲ばんなって。幸せになるための「道具」であるお金を「目的」にしてしまうと、**「もっともっとの、もっとも危険なゲーム」**にハマる。
のどが渇いたからといって海の水を飲めば、さらに渇いていくってもんだ。
たとえば駐車場の管理人をやってるお父さんは、年収300万円で愛する家族を養い、息子を大学にやり、娘の結婚費用を助けてあげられれば、そのお金に感謝できる。マネーゲームの男は何十億あっても幸せになれないが、そのお父さんは300万円でもじゅうぶん幸せになれるだろ。
幸せは心の状態であって、物質的なお金とはなんの関係もない。競争社会の神様にされたお金に心を売るなってことさ。

AKIRA　そうはいっても、貧しすぎたら、よけいお金に支配されちゃうじゃありませんか

おてんとうさま　まずは自分が幸せになれる金額を見極めることだ。あんたの幸せはいくらだい？

AKIRA　高級車も別荘もいらないし、半年間海外で暮らせて、ときどき美味《おい》しいレストランで

おてんとうさま　食事ができて、絵の具やキャンバスが買える……。年収８００万円くらいかな。
　ほうら、そんなガッポガッポと稼がないでも幸せな暮らしができるじゃないか。
ＡＫＩＲＡ　ガッポガッポに未練はあるけど、いちいち正解ごもっともですわ。
おてんとうさま　**喜びとともに働いたお金を、独占せず、自分や人を幸せにするために与えつくす。**
　お金の本質は**『喜びの循環』**だということを忘れるんじゃないよ。

三九話　怒らず、恐れず、悲しまず

〈退院3か月後〉

AKIRAのひとりごと

暴飲暴食をやめ、ご飯や炭水化物をひかえ、肉、魚、油を最小限にし、白砂糖、添加物、炭酸や冷たい飲み物をやめる。東京代々木の『赤ひげ堂』ってクリニックで特殊な鍼《はり》と陰指圧の治療を毎週受け、低速ジューサーでにんじんジュースを毎日2リットル飲み、70度まであがるアメリカ製の温熱マットで朝夕1時間ずつ大汗をかく。

3か月目の検査を受けた結果、腫瘍マーカーは？　CEA基準値〜5ng／mℓに対し、オレは1・8ng／mℓ。CA19－9基準値〜37U／mℓに対し、オレは2U／mℓ。

ふたつの腫瘍マーカーも正常。腹部エコーも転移の心配なし。

やったー、健康になっちゃったよ！

おてんとうさま

おめでとう！　よくがんばってきたねえ。

AKIRA

『和の知恵』のおかげで考え方や行動も変わり、歌い方も性格もやさしくなったっていわれるし、ライブの動員数もＣＤの売りあげもどんどん伸びてます。

体温計の37度の赤線は高熱じゃなく、健康体温の目印だっていいますよね。

体温も病気前は35・５度だったのに、温熱療法のせいか今は36・５度です。

37度になったら熱に弱いガンは住めなくなるからね。むかしの人は現代の健康オタクより、体のことを知ってたよ。**自然を変えるのでなく、自分の体を自然に合わせて鍛えたのさ。**

おてんとうさま

江戸時代は世界でも最高レベルの産業をもっていながら、そのほとんどを人力でおこなっていた（エクササイズ）。どこへいくにも足を使い（ウォーキング）、畳に座る生活で屈伸運動（スクワット）をくりかえし、女性や子供も剣術や柔術（スポーツ）をたしなみ、寺子屋に庶民から子供まで通う（脳トレ）。基本は質素な菜食（マクロビオティック）で、木と紙でできた住居に住みながら、火鉢一個で冬を越し（クーリングメソッド）、朝夕熱い湯につかる（サーモ療法）。妊婦も出産当日までは、まき割り、掃除、家事をする（マタニティトレーニング）。だじゃれや落語が大好きで（笑い療法）、ストレスをためずにケンカっぱやい（楽天思考）、情に厚くて助けあう（親切ホルモン効果）。

ＡＫＩＲＡ

すげえ。心身ともに健康的な生活じゃないですか。

おてんとうさま

日本が誇るヨガ行者、中村天風（１８７６〜１９６８年）は、若いころ手のつけられないやんちゃ坊主で、満州で馬賊と斬りあい、『人斬り天風』と呼ばれ、ロシア軍に銃殺される寸前で脱出する。

AKIRA　とんでもなく波乱万丈の人生ですね。

おてんとうさま　ところが30歳で肺結核にかかり、治療法を求めてアメリカとヨーロッパをさまよったが見つからず、エジプトでインドのヨガ聖者カリアッパ師と出会う。
「私は世界一不幸な人間です」と天風がいうと、カリアッパ師は答えた。
「苦しい病に虐げられながらも死なずに、生きているじゃないか。その生きているという荘厳な事実を、なぜ本当に幸せだと思わないのだ。苦しいとか、情けないとか思えるのも、生きていればこそではないか。いま生きているのは、造物主がまだ殺す意思がないから、守ってくだされているのだ。それを幸せと思わないおまえは罰当たりだ」
天風は衝撃を受け、師についてヒマラヤのふもとで2年半修行すると、肺結核が完治してしまう。

AKIRA　おおー、明治生まれなのに世界を飛び回るスケールのでっかい大先輩だわ。

おてんとうさま　帰国したあと、天風は師から伝えられた教えを広め、92歳まで長生きしたよ。
「どんな名医といえども、**楽しい、おもしろい、うれしい**というものに勝る効果は絶対ない」「今日一日、**怒らず、恐れず、悲しまず**」「**終始一貫、笑顔でとおす**ようにしてごらん。不運な人、体の弱い人はひとしお、**笑いに努力する**んだ。笑うにつれて、**人生の幸福と幸運がどんどん開けてくる**から」

AKIRA　はい、おてんとうさまもいっしょに笑いヨガいきましょう。

ふたり　ホッホッハハハ、ホッホッハハハ、いいぞ、いいぞ、イエーイ！

おてんとうさま　こら、あたしを笑わすと太陽風が地球を直撃して、脳卒中患者が増えるじゃないか。

四〇話　いまもむかしも恋の主導権は女性が握る

〈退院4か月後〉

AKIRAのひとりごと

いちおうガンの完治宣言てさ、10年っていわれてるけど、まだ転移や再発ビビってるんで、食事や治療は5年はつづけようと思ってる。
あと、病気から回復した人の本や手記を読むのもおすすめだし、「病気が治りますように」ではなく、「健康にしてくれてありがとう」とすでに治ったイメージをもつことも大切だ。
おてんとうさまに教わったように、まず自分を徹底的に喜ばせることだな。

おてんとうさま　あんたを喜ばせるために、**おてんとうさま流「恋愛指南」**を授けよう。

AKIRA　よっ、ぜひとも恋の手ほどきを。

おてんとうさま　恋の病に薬なしってね。天が与えた甘〜い果実、それが恋さ。
人も動物も、女が恋の手綱を握る。オスが求愛活動をしてメスがオスを選ぶ**『フィメ**

ール・チョイス』**が基本**さね。孔雀《くじゃく》のオスはド派手に着飾り、カメレオンはくねくねダンスを踊り、ラッコはメスの鼻にかみつき、アカミミガメはメスの頭を連続びんたする（笑）。

AKIRA　そう考えると、人間のオスが脱毛エステいったり、おしゃれしたり、かっこいい車にのったり、お金持ちや出世を目指すのも求愛活動の一環ですかね。

おてんとうさま　もちろんさ。人類は何万年もの間、女性が主導権を握り、おおらかな性を享受してきた。**『原始母系制』**といって、父親を明かす必要もなければ、父親という概念すららなかった。

AKIRA　太古のむかしからシングルマザーが基本なんすか⁉

おてんとうさま　いや、部族で育てる『共同保育』さ。むかしは幼児死亡率が高かったんで、子供は部族の宝物として大事に育てられたよ。

先住民に受けつがれてきた**『母系制協調型社会』**は、２０００年前から一神教によって**『父系制支配型社会』**へとって代わられる。男が主導権を握るとろくなこたぁない。宗教同士であいつぐ戦争さあ。

AKIRA　たしかに**女性が命を産んでくれるのに、男が起こす戦争で女性と子供が犠牲になる。**

おてんとうさま　江戸時代も女性のほうが強くてねえ、誘いの手紙もプロポーズも女性がするのがあたりまえ。つきあうときも別れるときも、**女性主導で決める**のさ。

AKIRA　アメリカ先住民のラコタ族も、妻が夫の荷物を家から放りだしたら、もう離婚成立なんだって。

おてんとうさま　あはは、わかりやすいね。江戸には力仕事に地方から若い男が流れこむから、人口の少ない女はモテまくる。江戸の女は気風がよくて気が強い。マッチョ男もたじたじよう。逆に男は役者みたいな色白で、なよっとしたヤサ男がモテたのさ。男は毛抜きでヒゲを抜き、柳の歯ブラシでホワイトニングにいそしんだね。

AKIRA　草食系がモテたのか～。デートなんかはどうすんですか。

おてんとうさま　男女がいっしょに食事するのはご法度だから、まずは文通、間を飛ばして密会さ。お金持ちには個室のある「出会茶屋」、庶民は人のこない森や神社の裏側とかね。

AKIRA　でもむかしは恋愛結婚はできなかったんでしょう。

おてんとうさま　まあ、結婚と恋愛は別もんだって考えていたね。武士はもちろん親からの「命令婚」だったけど、庶民は長屋の大家とかに仲人をたのんで、けっこう恋愛結婚もあったよ。13歳から嫁にいけて、20歳は年増、25歳で大年増、30すぎれば姥桜《うばざくら》さ。

AKIRA　キビシー！　封建制度だから、離婚なんてムリでしょ。

おてんとうさま　おっとどっこい、現代日本の離婚率は3割くらいだけど、江戸時代後半は世界最高の5割くらいあったそうだ。

ＡＫＩＲＡ　それだけ自由で、自分の感情を大切にして、自然にそった生き方をしてたんだろうな。

おてんとうさま　夫婦の形態をみていくと、現代でも**一夫一婦制は世界的には少数派**さ。
文化人類学者ジョージ・マードックは世界の８４９の文化圏を調査した。
一夫一婦制度（単婚）＝16％
一夫多妻制度（複婚）＝83％
一妻多夫制度（複婚）＝0・5％

ＡＫＩＲＡ　これは意外だ。一夫一婦制がこんなに少ないなんて。

おてんとうさま　日本でもお妾《めかけ》制度が長い間つづいてたし、西洋の影響で一夫一婦制がはじまったのは、たった１００年前の明治時代さ。

ＡＫＩＲＡ　じゃあ、離婚の起源はどうなんですか。

おてんとうさま　国連が、先進国から部族社会まで世界62の国、地域、民族グループで離婚したカップルを『何年目で離婚したか』調べた。
もっとも多い離婚年は2〜4年。これは**乳ばなれの世界平均4・2年にも対応する。**
恋愛ホルモンPEAも約3年で切れるっていうね。

ＡＫＩＲＡ　おお、『3年目の浮気』には生理的理由があったのか。

おてんとうさま　**哺乳類で一婦一夫制は、人間をふくめ、わずか3％**しかいないのよ。
鳥類も90％が一婦一夫制だけど、子供が巣立つと、おたがいが別の伴侶を求めて飛び立っていく。オシドリ夫婦も、毎年相手がちがうのさ。

AKIRA
なるほど、**自然の摂理**を知っていれば、罪悪感に悩まなくてすみますね。

おてんとうさま
母親のあたしからいわせると、社会に押しつけられた罪悪感のほうが罪だね。
女性も死ぬまで女を貫き、美しく、色っぽく、恋しつづけてほしいよ。

四一話　不登校には日の丸ケーキを！

〈退院5か月後〉

おてんとうさま　『躾《しつけ》』という漢字は日本がつくりだした国字で、中国にはない。『身』に『美』をまとう日本独特の教育さ。たとえば西洋の武器はひたすら敵を威圧するデザインだけど、日本の武器や鎧《よろい》には、花鳥風月の図柄まで埋めこまれている。

ＡＫＩＲＡ　もしその人を討ちとった敵がみたら、その人の美学に共感するだろうね。現代では刀も美術品として、海外コレクターのあこがれですから。

おてんとうさま　岡目八目でみりゃあ、西洋の教育は**『知識教育』**、日本は**『人格教育』**さ。

ＡＫＩＲＡ　『人格教育』ってガチガチそう。

おてんとうさま　ひと言でいやぁ**「いいやつになれ！」**ってことよ。美しい感性、美しい振る舞いを、「おてんとうさまに恥じない生き方」を子供のうちから身につけさせる。

むかしの日本へきた外国人はみな日本の子供におどろいてるよ。

１８７７年に来日したアメリカの動物学者エドワード・モースは、『縄文』時代の名づけ親だ。東京都大森貝塚を発見し、そこからでた土器を縄文土器（cord marked

pottery）と呼んだ。
「日本の子供程、行儀がよくて親切な子供はいない。また、日本人の母親程、辛抱強く、愛情に富み、子供につくす母親はいない。ほかのどこの国の子供達よりも多くの自由を持っていた。世界中で両親を敬愛し老年者を尊敬すること日本の子供に如くものはない」
1857年から2年間、勝海舟などに航海術を指導したオランダの軍人カッテンディーケはこう書き残している。
「親たちは子供の面倒をよく見るが、自由に遊ばせ、子供がどんなにやんちゃでも、叱ったり懲らしめたりしない。その程度はほとんど溺愛に達しており、彼らほど愉快で楽しそうな子供たちは他所では見られない」

AKIRA　そんなの聞くと、強制的に塾に通わせられる現代の子供がかわいそうになりますね。塾の原型になった江戸時代の寺子屋は全国で2万軒、江戸には4000軒もあって、世界ダントツの教育水準を誇っていたよ。

おてんとうさま　当時の識字率は、フランス10％、イギリス20％に比べ、日本では武士100％、庶民60％というおどろくべき数字でしょ。**日本の識字率は現代までずっと世界1位**を独走してるよ。

AKIRA　すげえ、西洋では学問が貴族の特権だったのに、日本では庶民にいきわたってたとは。

おてんとうさま　寺子屋は年齢、貧富、男女差別なく誰でも通えた。

AKIRA　授業料は年間10万円くらいで、貧富に合わせ、米や野菜でも払えたよ。授業はマンツーマンで、ひとりひとりの能力に合わせておこなわれる。貧しい子でも働きながら時間をつくって勉強したのさ。

おてんとうさま　『義務』教育じゃなくて、自分の意志で学校へいったから、不登校なんかないでしょ。

AKIRA　じゃ、おてんとうさまは、現代の不登校をどう思っているんですか。

おてんとうさま　**自分の子が不登校になったら、ストロベリーケーキでお祝いしよう！**

AKIRA　ええっ、心配しないだけじゃなくて、祝っちゃうの？

おてんとうさま　自国の誇るべき歴史も教えず、競争社会の知識教育をつめこむ学校に、その子はノーを突きつけたんだから、家族総出で祝うべきだろ。

AKIRA　はあ、でもなぜチーズケーキやアップルパイじゃダメなんですか？

おてんとうさま　ほら、その、なんだ、赤と白でアレに似ているじゃないか……日の丸に（笑）。こほん、不登校は親にとっても成長のチャンス。**夫婦仲や子供との関係を見直し、おたがいがひとりの人間としてむきあう絶好の機会**なんだよ。

お祝い金をポンとあげて海外ひとり旅をさせるとか、親子でいくのも絆《きずな》をとりもどせるだろう。

学校がその子に合わなかっただけで、**子供はなにも悪くない。**

ＡＫＩＲＡ　いまではいいフリースクールもいっぱいあるし、海外留学もありでしょうね。

おてんとうさま　**子供を１００％信頼して、子供が罪を犯しても親は永遠の味方でいること**さ。

ＡＫＩＲＡ　おてんとうさまのなんて大きな愛！

おてんとうさま　直径１４０万キロの愛は、地球の１００倍だからね。

☀ 四二話 『命の椅子』をゆずるということ

〈退院6か月後〉

おてんとうさま
覚悟しときな。今日は禁断の『死』に踏みこむよ。江戸時代の葬式をみたオランダ人カッテンディーケがお祭り騒ぎのような陽気さにおどろいている。
「日本人の死を恐れないことは格別である。むろん日本人とても、その近親の死に対して悲しまないということはないが、現世からあの世に移ることは、ごく平気に考えているようだ。彼等はその肉親の死について、まるで茶飯事のように話し、地震火災、そのほかの天災をも茶化してしまう」
江戸時代の幼児死亡率は高く、10人中、16歳まで生きられるのは5人ほど。平均寿命は30歳。人間いつ死ぬかわからないってのをつねに実感してたのさ。

AKIRA
たくましいな。死を身近でみてたから、明るい死生観をもてたのかな。

おてんとうさま
死を思うことは、自分の生を見つめ直すことさ。
日本の死生観は**『大いなる楽観』**なんだよ。「命ははかない」から、「死ぬのはアンラッキー」じゃなく、「生まれてラッキー」と喜ぶ。人生30年**「しかない」**じゃなく、

AKIRA　30年**「もある」**と。もってないものをうらまず、**もってるものに感謝する**のさ。だから**「人の一生、物見遊山」**、徹底的にいまを楽しもうって死生観が生まれたんだよ。

おてんとうさま　ぼくも余命宣告を受ける前は、自分は永遠に生きると、死から目を背けてきました。「いつか死ぬのはわかってる、しかし、それはいまじゃない」と。今回の病気ではじめて**「それは今日かもしれない」**と気づいたんです。

AKIRA　あたしだって、あと50億年で死んでいく。当然地球も道連れ心中さ。**形あるものすべてに死があり、あんたの生も永遠じゃない。**

おてんとうさま　ええ、死から目を背けると**生の本質も見失ってしまう**でしょう。

AKIRA　人は、この世に生まれた瞬間から**死刑宣告**を受ける。老人も生まれたての赤ちゃんも、大富豪も貧者も、オリンピック選手も絶世の美女も、必ず平等に死を迎える。泣こうがわめこうが、**人間の死亡率は100%**さ。

おてんとうさま　あまりにも根源的な質問なんですけど……人はなぜ死ぬんですか。

AKIRA　**『命の椅子』をゆずる**ためさ。

おてんとうさま　はあ、椅子とりゲームみたいな感じですか。

AKIRA　いや、個人が生きのびる競争じゃなく、**『みんなでひとつの命を生きる』**ための**「ゆずりあい」**だよ。それは遠い祖先たちから守りつづけてきた大切な椅子さ。

おてんとうさま　あんたたちはその椅子に座ったまま、映画のように美しい夢をみる。そりゃあ言葉ではいいつくせないほど、美しい夢さ。**それがあんたの一生なんだよ。しかしこの椅子を独占しつづけることはできない。**四話でみたように、「これはぼくの椅子だ。誰にもわたさない」ってだだをこねたら、人類が滅亡しちまうんだよ。

おてんとうさま **『個人』が死ぬことによって『人類』が永遠の命を手にできるんですね。**認めるのはつらいけど、それが**「みんなでひとつの命を生きる」**ってことなのか。

AKIRA 現代は、人類史のなかでもっとも恵まれた時代さ。

おてんとうさま 縄文時代の祖先の平均寿命は、わずか14・6歳という数字もありますが本当ですか。

AKIRA 平均寿命のだし方は、幼児死亡率で極端に変わってしまうのよ。縄文人も成人は30歳くらいまでは生きたと思うけど、生き残る子供はほんのわずかかね。あんたの**祖先たちがどれだけ必死で『命の椅子』を守ってきたか**わかるでしょう。

命あるもの全員が王様さ。しかし必ず王座をあけわたすときがくる。**あんたは、つぎの世代に『命の椅子』をゆずるために死んでいくんだよ。死とは、とてつもなく崇高で、厳かな退任式さ。**

おてんとうさま そんな崇高な行為をしてくれた母や父を思うと、胸が痛くなります。

AKIRA じゃあ、あんたの死んだ両親に会いにいこうかね。

おてんとうさま えっ⁉

第七章

この家族じゃなければ、あなたになれなかった

四三話　あなたの本当の正体を教えましょう
四四話　ダメママでよかった！
四五話　家族は何回でもいっしょに生まれ変わる
四六話　あなたがここに生まれてきた理由
四七話　この家族でなければ、あなたになれなかった
四八話　あなたはこんなにも美しい存在
四九話　拝啓、おてんとうさま

四三話　あなたの本当の正体を教えましょう

〈退院7か月後〉

AKIRAのひとりごと

退院後2回目の検査も異常なし。

抗ガン剤をやめたのも、自分で治療を選んだのも、あとからみると「大正解」を選んでるから不思議だよなぁ。

おてんとうさま　あんたが選んできたことに、なにひとつまちがいなんてなかった。**ベストのことしか起こらない。**すべての人の、すべての瞬間にね。

幸せのためにはベストじゃない不幸も、学びのためならベストレッスンさ。

さあ、いよいよあんたに**『秘密教義』**（シークレット・ドクトリン）を授けるときがきた。それは**「あんたは何者か?」**という、人類最大の秘密だよ。

これを知られるとあらゆる呪縛がほどけて、競争社会が崩壊しちまう。

AKIRA　うわ、鳥肌が腕を走っていく。

おてんとうさま　仏教では、すべての人に**『仏性《ぶっしょう》』**が宿るという。

神道では、人間の魂は神様の**『分け御霊《みたま》』**だという。

キリスト教では、罪人も貧者もすべて**『人は神の子』**だといってる。

あたしも二四話で**「人間の本性は太陽が分け与えた光」**って教えたね。

これらの背後に隠された真実は、**『人は神の化身』**という人間の正体さ。

『神の化身』をサンスクリット語で**『アヴァターラ』**っていう。

AKIRA　それって自分のゲームキャラをつくる「アバター」ですか。

おてんとうさま　そうさ。現代のゲームで説明してみようかね。

3次元のあんたらからみえない次元（天国）にいる神が、この世を体験したくて、あんたというアヴァターラ（自分のゲームキャラ）をつくった。肉体のない神は、あんたの人生をとおして世界を経験する。あんたがさまざまな試練を乗り越えるたびに、神がゲットする魂のポイントがあがっていく。つまり、**あんたの魂の成長が神の喜びであり、神もあんたといっしょに成長する**のさ。

金持ちや有名人の人生は、神はさんざんやってきたから興味もない。神が熱望するのは、誰も経験したことがない未体験のゲーム。それがあんたの人生さ。

平凡でもささやかでも、その人生は神がもっとも望んだ世界唯一の人生なんだよ。

AKIRA　じゃあ、魂とか生まれ変わりとかはどういうことなんですか。

おてんとうさま　そこまで聞きたいか、なぜなぜ坊や。

テレビやパソコンや携帯の画像って、赤緑青の三原色のツブツブでできてるだろ。

『あんたという意識』（魂＝量子情報）をつくっているのは**『宇宙のツブツブちゃん』**さ。それは素粒子より小さいツブツブで重力や空間や時間にとらわれない。

あんたをつくる『宇宙のツブツブちゃん』は、宇宙が生まれる前から存在し、宇宙が消滅したあとも別次元で存在しつづける。

それが、**あんたは永遠の魂**ってことなのさ。

ＡＫＩＲＡ　最先端の量子力学では、四話で話してくれたビッグバンの特異点が『量子真空』って呼ばれていて、そこには宇宙の歴史がすべて記憶されてるっていわれますね。

おてんとうさま　あんたが死ぬと、あんたの意識をつくってた『宇宙のツブツブちゃん』は宇宙（天国＝パラレル次元）にもどって散らばる。しかし、あんたが天国の家族に追い返されて息を吹き返すと、散らばりかけたツブツブちゃんがあわてて脳内にもどってくるのが**『臨死体験』**さ。

赤ちゃんがおかあさんのお腹《なか》に宿ると、宇宙に散らばっているツブツブちゃんが赤ちゃんに集まって、「命」が誕生するんだよ。

『生まれ変わり』で、赤ちゃんに集まった「もとあんた」のツブツブちゃんの割合が高いと、あんたの前世を記憶してるってことよ。

ＡＫＩＲＡ
おてんとうさま

ほう〜、みごとな一刀両断！　そこまでわかりやすく説明しちゃうとは。

こっちは、冷や汗もんよう。人間は理性で考えてるからね、あたしは感覚的にこうしたことがわかってるんだけど。なにも知らない人間にわかるよう、かんたんな言葉で説明するのは本当にたいへんなのさ。

なぜなぜ坊や、お手やわらかにたのむよ。

四四話　ダメママでよかった！

〈退院8か月後〉

AKIRAのひとりごと

今日のライブで、車椅子にのった10歳の女の子が不思議なことをいってたな。

「ママは決まっていたけれど、パパの候補がふたりいて迷っていたの。ちがうパパを選べば健康に、このパパを選べば障がいのある体になる。障がいのある体でいっぱい愛をあげたかったから、このパパを選んだの」って。

「もしかして、ママは二股かけてたと？」とぼくが聞くと、ママはほほを赤らめて、「はい」とうなずいた（笑）。

生まれる前の記憶って本当にあんのかなあ。

おてんとうさま

大アリ小アリの大名行列。親が聞き流していただけで、体内記憶や前世をおぼえていた子供たちは、大むかしからたくさんいたのさ。

国学者の平田篤胤（約２００年前）が聞きとり調査をした『勝五郎再生記聞』（１８

23年）がある。現在の東京都日野市に住む勝五郎は8歳のとき、おかしなことをいいだした。自分の前世は、久兵衛としづの子、藤蔵であるってね。義父の半四郎がかわいがってくれたが、藤蔵は6歳のときに天然痘で死に、この家の母のお腹にはいって生まれたと語りだした。

勝五郎によると、藤蔵が死んで魂は家に帰ったが、誰も自分に気づかない。白ヒゲの仙人みたいなおじいさんのもと、あの世で3年（じっさいは5年）暮らし、「この家に生まれなさい」っていわれてここへ連れてこられたってんだ。

AKIRA　あの世での3年がこの世での5年っていうズレが、「光速度に近い速度で運動している系の時間の進み方は、静止している観測者に比べて遅くなる」っていうアインシュタインの『浦島効果』みたいだなあ。

おてんとうさま　勝五郎が前世の家に連れていってとねだるので、祖母に連れられ「藤蔵」の家を訪ねる。するとほんとに藤蔵の母のしづと義父の半四郎がでてきて、勝五郎をみて藤蔵によく似てるって喜んだ。

勝五郎は、はじめて訪れたはずなのに、家のなかや近所のことも隅々まで知ってて、みんなをびっくりさせたっていうじゃないか。

AKIRA　はあ〜、これ、なんの損得もない子供が話すから、信憑性《しんぴょうせい》がありますね。

おてんとうさま　いまじゃ、胎内記憶や前世の記憶を否定できないほど膨大なデータが集まっているよ。

ＡＫＩＲＡ　**胎内記憶を話しだすのはだいたい3歳から5歳**だから、子供がもっているボキャブラリーでなにかにたとえて、こんな言葉で説明するのさ。「ぼくの赤い部屋、どこいっちゃったの」とか、「お腹にしっぽ（ヘソの緒）を忘れてきちゃった」とか、産道は「暗いすべり台」だとか。「神様がひっぱった」って子に「どんな神様」って聞くと、「緑の服でメガネ」って。

おてんとうさま　それって、医者の手術着じゃん！

ＡＫＩＲＡ　「ママのところにいくために、たくさんの玉と競争したよ」って。

おてんとうさま　それって、精子の記憶じゃん！　どういうルールなんですか？

ＡＫＩＲＡ　もと産婦人科医で胎内記憶の研究者、池川明さんはこういってるね。

1、子供の選択で両親は選ばれる。
2、子供は両親（とくに母親）を助けるために生まれてくる。
3、子供は自分の人生の目的を達成するために生まれてくる。

幼い子供のほうが親を助けるというのは、おかしな気もしますが。池川先生によると、大人の情報処理能力が2000ビットに対して、**赤ちゃんはなんと5000倍の1000万ビット。**

たしかに赤ちゃんは、魚類から哺乳類へ1億年の進化を1週間でしちゃうけど、子供はどんなふうに親を選ぶんです？

おてんとうさま　雲の上から両親候補を探したり、天国のテレビでみせられたり、神様にすすめられたり、彼らの表現範囲で必死に伝えている。

おもしろいのは、子供たちは競ってダメママを選ぶそうだ。**完璧なママだと自分が成長できないからね。**

ＡＫＩＲＡ　おおー、全国のママが救われますね。

四五話　家族は何回でもいっしょに生まれ変わる

〈退院9か月後〉

AKIRA　あの仏壇に飾ってあんのが、両親が結婚する前の登山写真です。

おてんとうさま　ふたりとも粋なおしゃれさんだねえ。母親はアメリカ製のシャツを着て、父親はイタリア製の登山靴、どこの御曹司だい。

AKIRA　父方のおじいちゃんの松吉が戦後、東武日光駅に売店を開いて、アメリカ、イギリス、イタリア大使館の避暑地が日光にあったので、大儲《おおもう》けしたそうです。だからおやじは世間知らずのぼんぼんで、気に食わないと母を殴り、酒を飲んで暴れました。母は、その暴力に耐えきれず、生まれたばかりの妹を連れ、5歳のぼくを置き去りにして家をでました。ぼくは、母に捨てられたんです。

おてんとうさま　どうやらそのトゲを抜くことが、**あんたの最後の学び**になりそうだね。あんたの学びは高いレベルに達してるのに、それを杭《くい》のようにひきとどめる幼少期のトラウマが抜けてない。**その杭を抜かない限り、あんたは飛翔《ひしょう》できないよ。**

AKIRA　起こってしまった過去なんて、しようがないじゃないですか。

おてんとうさま　ところがどっこい、**過去なんぞ、たやすく書き換えられる**のさ。最近、日本も代替医療で『前世療法』を受けられる一般病院が増えてきた。前世があるかないかはおいといて、過去のトラウマを治療する効果が認められてるよ。ためしに**家族は100回もいっしょに生まれ変わるソウルメイト**だと仮定しよう。

ソウルメイトは、恋人のこともあれば、家族やきょうだい、子供や孫、親友や敵のこともある。

養子や育ての親と長い時間をすごせば、生みの親より重要なソウルメイトだよ。

血縁よりも、**いっしょにすごす時間の長さと親密度、影響の大きさ**で測られるのさ。

AKIRA　ああ、もっと仲のいい家族のもとに生まれれば、幸せな人生を送れたのになあ。

おてんとうさま　いいや、世界中探しても**『パーフェクト・ファミリー』は存在しない**よ。

外からみりゃあ幸せそうな家族でも、本人たちしか知らない問題があんのさ。

だけど、その**「不完全さこそが家族の本質」**なんだよ。

だって『パーフェクト・ファミリー』に生まれたら、なにも学べないじゃないか。

不完全さを補いあって、たがいの魂を成長させるために家族がある。

あんたらが現実だと思ってるのは**『ライフシアター』という壮大なお芝居**なのさ。

ソウルメイトは役柄を変え、何百年もともに生まれ変わるとしたらどうだい。

父の暴力も母の家出も、すべてあんたを成長させるための脚本だったとしたら？

AKIRA　ええっ？　ぼくの人生がお芝居で、つらい過去がぼくを成長させるための脚本ですって!?

おてんとうさま　ふふ、どの世界観を選ぶかは、あんたしだいだよ。
それを**『天国の回想』**のように再体験してみる勇気はあるかい。

AKIRA　絶対にいやです！　あんなつらい過去にもどりたくなんかない。

おてんとうさま　たしかに、天道空港の入国みたく、あんたが自ら回想しながら語らなくちゃならない。トラウマを再体験する旅は、もっとも苦しい回想になるだろうね。しかし回想を拒めば、レッスンは完了しないまま、これで打ちきりとなる。回想を選べばレッスンは完了するが、拒めば治ったガンがトラウマで再発する危険もある。

AKIRA　そんな……。

おてんとうさま　自分で選びな。それでもあんたは「いく」か「いかぬ」か？

AKIRA　なんてことだ、最後の最後にきて、最大の試練が待っていたなんて。

おてんとうさま　あたしは気が短いよ。ほら、「いく」か「いかぬ」か、答えはひとつ。

AKIRA　……いきます！

おてんとうさま　はっ、あんたのそんな顔、はじめてみたよ。あの芥《あくた》（＝ゴミ）みてえなすっとこどっこいが、いつのまに不動明王みてえなツラがまえになっちまって。

AKIRA　もしぼくが『秘密教義』を伝えるものなら、**天の采配**を仰ぎましょう。

四六話　あなたがここに生まれてきた理由

〈退院10か月後〉


おてんとうさま　**『家族の呪縛』**、これが、あんたを何十年間も縛りつけてきたトラウマさ。

誰もがあらゆる問題の根っこをたどると、家族へ行き着く。

家族を許すこと、それはとりもなおさず、自分自身を許すことなんだよ。

目の前に音を立てて逆巻く螺旋《らせん》の渦は、何十年間もあんたをおびやかしてきた。

あんたはこの渦に飛びこむのを避け、顔を背けて生きてきた。図星だろ？

でもね、あんたが人間存在の最深部に到達するためには避けられない試練だよ。

どんな無責任でひどい親だろうと、どんな極道で鬼のような親だろうと、あんたの命をくれた人間さ。**心の底から親を愛せたとき、あんたは自分を愛せるようになる。**

ＡＫＩＲＡ　はい。正直いうと、怖くてひき返したいです。

おてんとうさま　あたしを誰だと思ってやがる、天下無敵のおてんとうさまが、あんたにゃついているんだから……。おてんとうさまがみてるんだよ！
じゃあ、あんたの母のことを話しておくれ。

ＡＫＩＲＡ　ぼくの母・美智子は、４人きょうだいの長女として栃木県日光市に生まれました。

母の父親（母方の祖父）は尺八の演奏家で、製作もしていました。

母親（母方の祖母）はいつも笑顔を絶やさない社交的な専業主婦です。

母は文芸雑誌の詩の公募で入選するような文学少女でした。

卓球部のエースとしても活躍し、山登りが大好きで明朗快活な少女です。

確かめようもないですが、ウォルト・ディズニーが日光東照宮で神前結婚式を撮影するために来日したとき、市役所で働いていた母は撮影の世話係を務めたそうです。

おてんとうさま　ほう、あんたのたぐいまれな開拓心はおかあさんから受けついだのか。

ＡＫＩＲＡ　母が26歳のとき、わき毛を剃《そ》ったところからばい菌がはいり、高熱をだして入院します。以来足をひきずって歩くという『中途障がい者』になりました。
母が入院中に、当時珍しかったチョコレートをもってお見舞いにかけつける青年がいました。ハンサムで一人っ子のぼんぼんで真っ赤なスポーツカーをのりまわし、フランス製のスキーでゲレンデをすべっていた王子様、ぼくの父・杉山文夫です。

おてんとうさま　戦後の貧しい時代に、あんたのお父さんはあこがれの存在だったんだろうね。

ＡＫＩＲＡ　母はチョコレートに釣られ、できちゃった結婚でぼくが生まれます。
子宮内で大量出血があり、母子ともども命が危ぶまれました。医師が「どちらをとりますか」と聞いたとき、母は叫びました。「この子を助けてあげて！」と。

おてんとうさま ぼくがまだ赤ちゃんのころ、おねしょで濡《ぬ》れた布団で泣いていると、母はぼくを自分の布団に移しかえ、自分は湿ったおねしょの上に寝たそうです。

AKIRA ああ、なんて深い愛情なんだろう。おかあさんからいただいた「無条件の愛」があんたを守り育て、いまのあんたをつくったんだねえ。

おてんとうさま あんたの幼少時代を聞かせておくれ。

AKIRA 山で知りあったふたりの結婚は「山上の恋」と呼ばれ、誰もがうらやむ仲でした。甘い新婚生活からぼくが4歳くらいまで、家族はとても幸せでした。「子供の教育のため」という口実で、ぼくはしょっちゅう母に連れられ、東京へディズニー映画をみにいきました。ビデオなどない時代に、0歳から5歳までのぼくを父が撮影した『我が家のホープ』という8ミリ映画が残っています。

おてんとうさま そんな幼いころからアーティストとしての英才教育を受けていたとは。あんたのたぐいまれな創作力は、やはり両親から受けついだものだったんだね。

AKIRA どうか、ここまでで勘弁してください！ 目の前の渦に呑《の》まれそうです。

おてんとうさま さぞ怖いだろうね。やめてもいいよ。いくか、いかぬかは、自分で決めなさい。

AKIRA ……わかりました。祖父が日光東照宮の近くに建てたホテルの経営者としておさまっていた父は、その地位を追われます。王子様は生まれてはじめて挫折を味わい、悪魔に急変するのです。酒におぼれ、酔っぱらって怒鳴り散らし、暴力をふるうようになりました。ぼくは幼い妹をおぶって、裸足《はだし》にビンのかけらをさしながら、近くにある母の実家に逃げていました。

日光山岳会の会長を長く務めていた父は、いつもひとりで山に登っていました。自然を愛し、人間を嫌い、本音をいえない孤独な人です。しらふのときは無口でおとなしいのに、人間世界で生きるにはあまりに不器用な人間でした。

おてんとうさま　ああ、純粋な人ほど、社会との軋轢《あつれき》に苦しむものさ。

AKIRA　あの鬼のような男が純粋ですって！　ただのわがままです。

おてんとうさま　いまは感情にからめとられず、心に湧いてくるできごとだけを語りなさい。

AKIRA　はい。父の暴力に耐えきれなくなった母は5歳のぼくを家に残し、1歳になる妹を連れて家をでます。それからぼくは母親に捨てられたというトラウマに何十年も苦しめられることになります。

おてんとうさま　さぞさみしかったろう。母親の愛情がもっとも必要な5歳の子供がよく耐えてきたねえ。あたしもたくさんの子を産んだ母親だからわかる。あんたもつらかったが、いちばんつらかったのはお母さん自身かもしれないよ。

AKIRA　えっ、いままで母の気持ちを考えたことはありませんでした。

おてんとうさま

AKIRA

洋食が得意な母は宇都宮にレストランを開き、小学1年のぼくは週に1回、母に会いにいくのが楽しみでした。ぼくが小学6年のとき、あんまり悪さばかりするので、担任の先生に説得された母が日光にもどってきます。ぼくはポタージュスープが食べられる幸せを5年ぶりにかみしめました。

ああ、本当によかったね。ただ母親不在の5年間が、あんたの早熟な独立心をつくりあげていったのかもねえ。

いつもおばあちゃんかおじいちゃんがきていた授業参観に、母がやってきてくれました。端正な顔立ちで上品に着物を着こなす自慢の母です。

ところが、下校のとき友だちが、右足をひきずってぴょこたんぴょこたん歩く母の姿をマネするんです。すると、みんなが爆笑する。ぼくが生まれたときから母はその歩き方だったので、それが恥ずかしいことだなんて思ってもみなかったのです。

ぼくは泣きながら母をなじりました。「ぴょこたん歩くお母ちゃんなんかいらない!」。すると母はぼくの前にしゃがみ、涙を指でぬぐってくれます。

「わかった、おかあちゃん、明のために練習するよ」

その日から母は、痛いほうの右足をむりやり前にけりだして歩く練習をしはじめます。ぼくの前ではちゃんと歩くふりをして陽気に笑います。

「ほうら、おかあちゃん、ちゃんと歩けるでしょ」

下校途中に偶然スーパーにはいっていく母をみました。むりな訓練で顔を苦痛にゆがめ、前よりも痛そうに足をひきずっていました。ぼくのために自分の体を痛めつけた母を思うと、いまでも胸がしめつけられます。

おてんとうさま　自分の痛みをこらえても、あんたを喜ばせることしか考えていなかった。
世界でいちばんあんたの幸せを願ってくれた人なんだよ。

AKIRA　ぼくが23歳でニューヨークに移住して5年も帰ってこなかったとき、「明がいつでももどれるように」と、ぼくの部屋まで毎日掃除をしてくれました。

あとで妹から聞いたのですが、「世間にとやかくいわれても、自分ができなかったぶん、明が自由に生きているのがうれしいの」といっていたそうです。

ぼくは5年ぶりにアメリカから帰国したと思ったら、半年も居つかぬうちにまた5年間ヨーロッパへいってしまいます。

出発前に母からひき止められ、ぼくはその手をふりはらいます。

「子供のころぼくを置き去りにしたあんたに、ひき止める権利はない！」

それは、もっともいってはいけないひと言でした。母は蒼白《そうはく》になってうつむきます。

あんな悲しい人間の顔なんてみたことない！

ぼくは母の愛情を踏みにじるように旅立っていきました。

おてんとうさま　ああ、あたしなんざおよびもつかないくらい、あんたのおかあさんはすごい母親だよ。

AKIRA

おかあさんもあんたの気持ちは痛いくらいわかってる。5歳のあんたを置き去り、独立心を育て、旅立たせたのも、すべて母の教育だったんだからね。

AKIRA

地球の大きさを実感したくて、日本から中国に船でわたり、陸路でパキスタン、イラン、トルコ、半年かけてヨーロッパ文明発祥の地ギリシャにたどり着きました。

お金もつき、アテネのパルテノン神殿につづく路上で似顔絵屋をはじめます。

母と父がアテネにやってきて、親子3人でエーゲ海の島めぐりや、トルコのイスタンブールへいきました。いまから思えば、ぼくの人生で唯一の親孝行でした。

それから両親は海外旅行に目覚めたらしく、妹の住んでいたニューヨーク、中国やアジアなどを旅しました。きっと母の人生でいちばん幸せだった時期でしょう。

おてんとうさま

よかったねえ、外国に住む息子に案内してもらえるなんて、なかなかあるもんじゃないよ。あんたは、あんたにしかできない親孝行をしてあげたんだよ。

AKIRA

母の最期を語るときがきました。

ぼくがスペインのマドリッドに住んでいるとき、妹からの国際電話で母が胃ガンの手術を受けたと聞きました。事後報告だったのは、母が妹を止めたからだそうです。

「明に心配かけたくないし、幼い明を捨てた私に、呼びもどす権利はないの」

妹からそのことを聞き、はじめてあのコトバノナイフがどれほど残酷な復讐《ふくしゅう》だったかを思い知らされました。

ぼくが急いで帰国したとき、胃の摘出手術は成功したものの、今度は脳にガンが転移していました。脳のガンも、わずか10秒で150万円もするレーザーメスで焼ききって、さあこれで安心と胸をなでおろします。

おてんとうさま　母は東大病院を退院し、帰りに上野のアメ横で焼き肉をおごってくれました。胃が半分しかないのに元気に食べたふりをして、隠れてトイレで吐いていたのです。なんという気丈な人だろう。自分のことなんか差し置いて、どんなときでもあんたたちに心配かけぬよう気づかっていたとは。

AKIRA　最後に、肺への転移が見つかりました。ぼくはこの病院に泊まりこみで看病します。父や妹とかき氷やもんじゃ焼きを食べにいったり、子供のころに味わえなかった家族の幸せをとりもどすみたいな時間でした。

おてんとうさま　おかあさんは自分の命とひき換えに、バラバラだった家族をもう一度つなぎあわせてくれたんだね。自分のふるった暴力の罪悪感に苦しめられたお父さんも口にはださなかったろうが、泣きたいくらい幸せだったはずだよ。

AKIRA　いまから30年前の1993年、7月の澄みきった青空に入道雲が湧きだす午後でした。61歳の母は1年前に自分の母親を同じ病院で看《み》とっていて、自分が長く生きられないことも知っていました。最後までみんなを笑わせ、泣き言ひとつ口にしません。しかし痛みは日を追うごとに増し、モルヒネの点滴がはじまると意識が混濁して、会話ができなくなります。

おてんとうさま　人はね、自分じゃ気づいちゃいないけど、最高のタイミングと場所を選んで死んでいくんだよ。それは一生かかって運んできたメッセージを伝えるためさ。

ＡＫＩＲＡ　最後の会話をかわすために叔母を呼んで、母はこういったそうです。

「世間や親戚にとやかくいわれても、明だけは自由に生きさせてあげて」

それから、ぼくと妹が呼ばれます。

「つらいことがいっぱいあったけど、あたしほどの幸せものはいないわ。だって世界一の家族がもてたんだから。あたしはなんにも残せなかったつまらない人間だけど、ひとつだけ誰にも負けない自慢があるの。それは……あんたたちを産んだことよ！」

いよいよ母が亡くなるとき、ぼくはベッドに添い寝します。自分をこの世に生み落としてくれた最愛の人をギュッと抱きしめて看とりました。


おてんとうさま　「つまらない人間だ」なんて、とんでもない！　世界で最高の母親じゃないか。

こんなすばらしい人を、誰が価値のない人間だといえる、誰がこの人生に意味がないなんていえるんだい！

つぎはあんたの人生最大の悪役、父親のことを教えておくれ。

四七話　この家族でなければ、あなたになれなかった

〈退院11か月後〉

ＡＫＩＲＡ

母の死を知ったとき、父はエレベーターのなかでへなへなと倒れこみました。ぼくが肩を支えていないと、歩くこともできません。

母が亡くなったあと、父は朝晩仏壇にお線香と水をささげ、手を合わせながら30分以上も母と会話しています。そんな姿をみて、ぼくは苦笑いします。

「おいおい、そんなに愛していたんなら、なんで生きているときに大切にしなかったんだよ」

母が亡くなり、妹が嫁ぎ、ひとりぼっちになった父のもとへぼくは帰りました。

朝食だけは、ぼくがつくっていっしょに食べます。ほとんど会話らしい会話もありませんでしたが、父子で暮らした最後の2年間は、ぼくにとって宝物になりました。

おてんとうさま

たぶんお父さんは、不器用だったから言葉で伝えられなかったけど、本当にうれしかったと思うよ。お父さんが一生抱えこんでいた後悔が、最後の2年間あんたと住むことによって許されたんだから。

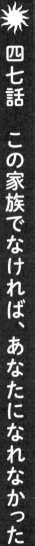

AKIRA

あんたは無意識のうちにお父さんの人生を救ってあげたのさ。

母の死から9年後の2002年、ぼくはニューヨークへ自伝小説『ケチャップ』の取材旅行にでかけます。

「忘れ物はないかい？」これが父とかわした最後の言葉になりました。

ぼくがいない間、父は心臓まひで急死します。『神の肉　テオナナカトル』という本に書きましたが、ぼくは父親殺しの犯人として指名手配されたんです。

心臓が急に止まり、倒れた父はコタツのかどで顔を打ち、死体に打撲のあざが残っていました。そのあざをみた警察が、息子が父親を殴り殺して逃走したと指名手配に踏みきったそうです。たしかに子供のころからずっと父を殴り殺したいと思っていました。ぼくの最大のトラウマは、父への憎しみだったんです。

おてんとうさま

そうか、そのトラウマがあんたを鍛え、才能をつくり、たくさんの人を救う作品を生みだしてきたのか。父親から傷つけられた心の裂け目から光がはいり、その傷こそがあんたを輝かせる窓になったのさ。

AKIRA

えっ、心の傷から光が差しこむ……。

71歳で亡くなった父の骨を女峰山の頂上に散骨するため、父が会長を務めていた山岳会のメンバーと追悼登山にいきました。山腹にある山小屋は父が仲間たちと建てたものです。日光国立公園内の木は切れないので、ふもとから材木をかついで運びあげたといいます。

「文夫さんは乗用車なんかもてない時代にトヨタのクラウン・エイトのスポーツカーをのりまわし、プロももてないライカのカメラで写真を撮り、ダブルエイトで山のドキュメント映画を撮っていたんです。誰もがあこがれる山の貴公子でした」

父の友人たちから、びっくりするような話を聞きました。

「文夫さんは遭難者がでるたび、夜中だろうが明け方だろうが、自ら救援にでていきました。凍死した遺体をロープで巻いて雪の上を運んだり、脳天に落雷を受けて内臓がどろどろに溶けてしまった死体を背負って下山したりしました。何度も警察から表彰されていましたよ」

父が死んで家を片づけるとき、たくさんの表彰状をぼくはなにもみずに捨ててしまいました。父が死体を背負う重さとひき換えのものだったとは知りもせずに。

ああ、なんていう皮肉だよ。いちばん身近にいた親を、子供だけが知らなかったとはね。

２４８３メートルの女峰山頂上に立てられた十字架のような杭の前で微笑《ほほえ》む父の写真が家に飾ってあります。その杭の根元に父の骨を撒《ま》きました。

そうそう、父の死後、不思議な夢をみました。

光に包まれ、白いローブのような服を着て、父が空中に浮かんでいました。

まるでキリストのように両手を広げ、おだやかな笑みを浮かべています。

おてんとうさま
ＡＫＩＲＡ

おてんとうさま　「明、今回の演技はあれでよかったか？　つぎはもっといい役をやらせてくれよな」

AKIRA　ぼくたち家族も生まれる前に学びのテーマや役柄を決めてきたんですか？

おてんとうさま　もちろんだよ。この壮大な物語が、あんたら家族の**空の約束**だったのさ。**あんたがいまの自分になるために、彼らにつらい『悪役』をたのんだんだよ。**魂はもともと善良な存在だけど、あんたを成長させるためには悪役も演じなければならない。暴力をふるう父親も、5歳のあんたを捨てた母親も、**その魂は泣いていた。**

AKIRA　泣いていた⁉　……本当につらかったのはぼくじゃなく、父と母だったのか。

おてんとうさま　ああ、自分の過去に光がさしてきた気がします。そうだ、**あんたがあんたになるために、どうしてもこの家族が必要だった。**あんたの魂を成長させるために、**この母と父じゃなければいけなかった**のさ。

AKIRA　……そうだったのか。

おてんとうさま　最後に、過去を書き換え『世界を全肯定する』魔法をあげよう。それは、**『いまの自分を愛すること』**だ。さ、ここでぜんぶ、ぶちまけちまいな。

AKIRA　暴力おやじ杉山文夫ぉー、ぼくをぼくにしてくれて、ありがとう！
5歳のぼくを捨てたおふくろ美智子ぉー、命がけで産んでくれて、ありがとう！

四八話　あなたはこんなにも美しい存在

〈退院1年後〉

AKIRA　本当に奇跡です。

おてんとうさま　おてんとうさまのおかげで、ぼくはいま、ガンで断念したスリランカの海にいる！

AKIRA　あたしなんざ、どうだっていい。あんたは自分の力で運命を勝ちとったんだよ。あんたの選択がぜんぶ正しかったから、あんたはいまエメラルドグリーンの海と白い砂浜のビーチに立っているのさ。

おてんとうさま　最後だからいわせてもらうと、おてんとうさまこそ自分をわかってない。自分がどれだけ無条件の愛を分け与えてるのか、自分のすごさをわかろうとさえしない。

AKIRA　……もう、めんどくさいことという子だねえ。あんたは今日で卒業さ。その顔をみねえですむと思うとせいせいするね。あたしのみえないどっかにいっちまいな。

ふたり　そりゃむりだ。どこへ逃げたって、どこに隠れたって……。

おてんとうさま　**「誰もみてなくても、おてんとうさまはみてる」**。あっはっはっは。あんたとケンカできんのも今日が最後かあ。いろんなことがあったねえ。

『和の知恵』を、あんたはまるで海綿のように吸いこみ、おどろき、つっこみ、へこみ、怒り、「シャラップ！」と神様をののしりやがった。

あんたみたいにおかしくて、かわいい弟子をもったことを誇りに思うよ。

ふふ、じっさい46億年の人生でも、こんなに楽しい日々はなかったさ。

AKIRA　本当にもう会えないんですか。これきりなんて、さみしすぎますよ。

おてんとうさま　いや、太陽をみあげて、口を大きく開けてごらん。

AKIRA　ああっ、太陽がこっちに近づいてくる、うわわわわっ！

げほ……太陽を呑みこんじゃったよ。熱っ、胸がほっかほかだ。

おてんとうさま　ほっほっほ、これであたしたちは永久にいっしょさ。

あたしはあんたであり、あんたはあたしだ。

あんたの言葉や行動はあたしの言葉や行動、あたしの愛はあんたの愛さ。

じゃあ、あたしといっしょに海にでよう。

さあ、心の目隠しをはずしてありのままのあんたをみてごらん。

あんたは、こんなにも美しい。

あんたの命は、こんなにも輝いている。

あんたの人生は、こんなにも完璧さ。

あんたが選んできたことに、なにひとつまちがいなんてなかった。

あんたが犯した罪も、かけがえのないライフレッスンだった。
あんたが選んだ家族も友人も悪役も、大いなる学びをくれたソウルメイトだった。
今のあんたをつくりあげるために、すべて必要なことだったのさ。
あんたの腕で自分を抱きしめてあげなさい。
自分自身に心から「ありがとう」とつぶやいてあげなさい。
あんたの胸にあたしが宿した命を感じるかい。
本当のあんたがどれだけ愛された存在か。
本当のあんたがどれだけ守られた存在か。
本当のあんたがどれだけ神聖な存在であるかを。
あんたは世界そのもの、あんたは愛そのもの。
生まれてくれてありがとう、あんたでいてくれてありがとう。
出会ってくれてありがとう。愛してくれてありがとう。
おてんとうさま、ぼくのなかにあなたを感じます。
さらば、愛《いと》しい息子よ。

AKIRA
おてんとうさま

わたしは大地　わたしは大空
わたしは月　わたしは太陽
わたしは花　わたしは鳥
そしてわたしはあなた

わたしは涙　わたしは笑顔
わたしは孤独　わたしは怒り
わたしは許し　わたしは祈り
そしてわたしはあなた

わたしは試練　わたしは学び
わたしは光　わたしは命
わたしは愛　わたしは神
そしてわたしはあなた

四九話　拝啓、おてんとうさま

〈現在〉

ＡＫＩＲＡのひとりごと

退院してから月日が流れ、ぼくは病気の前より健康になりました。

ぼくは毎年冬の3か月間、スリランカに住み、毎日5キロ泳いでいます。ぼくが住んでいる3階の大きなバルコニーからは雄大な海がみおろせ、毎朝空を真っ赤に染めて昇ってくる朝日に話しかけます。

「おはよう、おてんとうさま。今日も世界を照らしてくれてありがとう」

海にこぼれる光の道がキラキラ輝いて、おてんとうさまと母子のようにすごしたひとつひとつの想《おも》い出のようです。

病院の屋上から団地をながめて叱られたことも、タバコを吸っておどろかされた腹の痛みも、升酒タワーの酒を飲みそこなったうらみも、天国ツアーをガイドしてくれたことも、すべて、すべて『美しい想い出』です。

なにより親へのうらみが感謝に変わり、悪役が最高の教師であり、不幸や不運が魂のギフトであり、トラウマが才能になることを教えてもらい、世界の見方が１８０度変わりました。

ぼくの命を救ってくれたおてんとうさまからの教えをたくさんの人に伝えたくて、長い時間をかけて本を書いてきました。

それが今日、完成したんです。

これで、おてんとうさまとの『空の約束』を果たせました。

ぼくは永遠にあなたが大好きです。

……あれ、手紙を書き終えたら、勝手にパソコンが文字を打ちはじめたぞ。

おてんとうさま
愛しい息子へ。
あじゃらかもくれん、きゅうらいす、てけれっつのぱー！

ＡＫＩＲＡ
なんじゃそれ？　あっ、落語で死神を追っ払うときの呪文だ！

エピローグ

ぼくといっしょに旅してくれたあなた、おてんとうさまに出会ってくれてありがとう。きっとページをめくるごとに雲が晴れ、心のなかに隠れていたおてんとうさまが顔をだしたことでしょう。

ぼくのガンの話はぜんぶ実話です。ガンから回復した人は「全人格的変容」というのが起こって、ぼくがそうであったように、食事や好み、考え方や生き方まで、ガラリと変わるといわれています。闘病のベッドでぼくが学んだこと。ぼくの命を救った考え方をまとめたのがこの本です。

この本は**『良心の書』**です。

知識を学ぶ本ではなく、**あなたがもともと知っていた知恵を「思いだす」本**です。

いままでの自己啓発本のように社会的成功やお金持ちになるための本ではなく、ぼくたちが社会の常識や複雑な人間関係でくもってしまった心をていねいにぬぐって、**あなたの心が宿している光をとりもどすための本**です。

「生きる価値のない人などいない」

「生きる意味のない人生などない」

「人は愚かしいから愛《いと》しい」

「あなたが選んだことに、なにひとつまちがいなんかなかった」

おてんとうさまのメッセージはとてもシンプルです。

たぶん何万年も前から祖先たちが子孫に伝えてきた伝言でしょう。

もしあなたが、そう思ったら、子供たちや愛する人たちに伝えてあげてください。

「生きることは、喜び以外のなにものでもない」

最後に10年間ともに走りつづけてくれた編集者の新井さん、応援してくれたスタッフのみなさん、そしていままでぼくを支えてくれたすべての人たちに心から感謝をささげます。

ぼくといっしょに旅してくれたあなた、ぼくとあなたが生きているうちに、ＡＫＩＲＡライブで生身の出会いを果たしましょう。

二〇二四年二月

「ＡＫＩＲＡ」こと、杉山　明

《参考》

アインシュタインがみた日本　https://www.mag2.com/p/news/242620
『日本その日その日』（講談社学術文庫）エドワード・シルヴェスター・モース
『日本見聞記─ラフカディオ・ハーンの見た日本』ラフカディオ・ハーン
江戸に警察12人　https://www.driveplaza.com/special/onihei/kawara/ukiyoe/002.html
CNNテレビ　https://www.zennichi.net/b/urbannetto/index.asp?id=24698&act_lst=detail&page=1
中国の声　http://bewithgods.com/hope/doc20/25-18.html
日本と他国のコミュニケーションのちがい　『英国人記者だからわかった　日本が世界から尊敬されている本当の理由』ヘンリー・S・ストークス
古事記とビッグバン　『異国人記者が見た　世界に比類なき日本文化』ヘンリー・S・ストークス／加瀬英明
生年の発明　『アジアに落ちる』杉山明
『縄文文明』『奇蹟の日本史』『庶民の日本史』小名木善行
神津島の黒曜石　https://urbanlife.tokyo/post/50403/
石川仁　https://www.kahaku.go.jp/research/activities/special/koukai/menber_list/06ishikawa.php
世界最古の落とし穴　立切遺跡　https://www.jomon-no-mori.jp/国内最古の落とし穴～立切遺跡（中種子町）～/
ホピの伝説　https://plaza.rakuten.co.jp/kotoha/diary/200603040000/

エクアドルの縄文土器　https://nipo-brasil.org/archives/12500/
『魏志倭人伝』黒歯国　https://ja.wikipedia.org/wiki/黒歯国
「こんにちは」「おかあさん」の語源は太陽　https://akiraalbumallibretto.mystrikingly.com/
日の丸をミートボール　https://www.wikiwand.com/ja/日本の国旗
太陽の影響『ジオ・ヒストリア』茂木誠
天道思想　https://ja.wikipedia.org/wiki/天道
日光感精神話　http://seikouminzoku.sakura.ne.jp/sub7-42.html
『咲弥★自叙伝～宇宙の超★履歴書～』咲弥
太陽の道　https://www.nikkei.com/article/DGXBZO33555530S1A800C1000001/
マッカーサーと天皇の逸話『神に愛された国日本』久保有政
天皇の逸話『宮中侍従物語』入江相政
祈りの語源　http://ainu-center.hm.pref.hokkaido.lg.jp/HacrcHpImage/05/pdf/05_005_05.pdf
https://mymaoi.com/feature/inonno/
祈りの法則『祈る心は、治る力』ラリー・ドッシー
信仰の病院データ『脳科学からみた「祈り」』中野信子
鼻くそ、イワシの頭　http://s.jlogos.com/d005/5552207.html
盲亀浮木『仏説譬喩経』一世紀ごろのパーリ仏典
シャンパンタワーの起源　http://the.grandcreer.jp/blog/2012/12/post-307.html
縄文遺跡にみる障がい者　https://www.jstage.jst.go.jp/article/ase1911/92/2/92_2_87/_pdf

障がい者は福の神『福の神になった少年―仙台四郎の物語』丘 修三
江戸時代の盲学校　http://ngt.saiseikai.or.jp/2015/05/22/1527/
直立歩行と言語　https://courrier.jp/columns/101724/?ate_cookie=1582593772
苦ラベル　鈴虫寺　華厳寺　https://www.suzutera.or.jp
江戸のお風呂事情　https://edo-g.com/blog/2015/11/ofuro.html
武士の給料　https://history-wisdom.net/samurai-change-job/
武士の内職　https://edo-g.com/blog/2016/12/side_job.html/2
カリアッパの言葉『運命を拓く』中村天風　https://goodquotes.jp/2019/10/29/%E4%B8%AD%E6%9D%91%E5%A4%A9%E9%A2%A8%E3%81%AE%E5%90%8D%E8%A8%80/3/
「陰徳あれば必ず陽報あり」『淮南子』・人間訓
動物の求愛行動https://wedding.mynavi.jp/kekoon/entry/2015/11/03/180000/
『江戸時代のすべてがわかる本』大石学
江戸時代の離婚率5割　２００６年参議院第三特別調査室「歴史的に見た日本の人口と家族」https://www.sangiin.go.jp/japanese/annai/chousa/rippou_chousa/backnumber/2006pdf/20061006090.pdf
ジョージ・マードック一夫多妻制　https://www.cscd.osaka-u.ac.jp/user/rosaldo/000601res.html
世界の離婚『愛はなぜ終わるのか―結婚・不倫・離婚の自然史』ヘレン・E・フィッシャー
乳ばなれ世界平均4・2年　https://www.researchgate.net/publication/265185534_A_Natural_Age_of_Weaning

日本の子供『なぜ世界の人々は「日本の心」に惹かれるのか』呉善花
識字率　http://www.tosho-bunko.jp/column/realization/column15.html#:~:text=確かな統計はない,と言われている%E3%80%82
死を恐れない。カッテンディーケ　https://mobile.twitter.com/thanatology_bot/status/1153190910089285632
宇宙のツブツブちゃん　『心の影　意識をめぐる未知の科学を探る』ロジャー・ペンローズ
胎内記憶　https://matome.naver.jp/odai/2134985356844859101
池川先生　情報処理ビット数　https://runrigmarketing.jp/syanai/%E6%B1%A0%E5%B7%9D%E6%98%8E%E5%85%88%E7%94%9F%E3%80%81%E6%84%9B%E3%81%AE%E5%AD%90%E8%82%B2%E3%81%A6%E5%A1%BE5%E6%9C%9F%E7%94%9F%E7%AC%AC2%E8%AC%9B%E5%BA%A7/
哲理学作家さとうみつろう『神さまとのおしゃべり』チャンネル　https://www.youtube.com/channel/UC-N7pA0rR1PrUBOfs2OA0oA
「TOLAND VLOG」https://www.youtube.com/@TOLANDVLOG
その他
『落語で楽しむ江戸ことば事典』澤田一矢
『江戸ことば』柳亭左龍
『江戸の遺伝子』徳川恒孝
『江戸の智恵』養老孟司／徳川恒孝
『日本人が知らない日本』伊勢雅臣

装丁　萩原弦一郎（２５６）
装画　ＡＫＩＫＡ
本文ＤＴＰ　朝日メディアインターナショナル
校閲　株式会社ぷれす
編集協力　山城　稔
編集　新井一哉（サンマーク出版）

〈著者紹介〉

AKIRA（杉山　明）

1959年、栃木県日光市生まれ。1982年、ニューヨークに渡り、1986年、アンディ・ウォーホルから奨学金を得てNYアカデミー・オブ・アートに入学。世界100か国以上を旅し、作家、ミュージシャン、美術家など多方面で活躍。AKIRA名義で『アヤワスカ！』（講談社→himalaya BOOKS）、『アジアに落ちる』（新潮社→himalaya BOOKS）、『COTTON100% 極上のどん底をゆく旅』（同文書院→現代書林→幻冬舎文庫）などの著書がある。なかでも自伝的小説『COTTON100% 極上のどん底をゆく旅』は、NHK「日本の100冊」に選ばれた。セミナーと音楽を合体させた独特のライブスタイルで、15年間で10万人を超える人々に命の喜びを届けつづけている。

※ AKIRAライブは全国でおこなわれています。歌はYouTubeでも300曲以上聴けます。15年分のブログや絵画作品も数百点見られます。「アキラマニア」「New天の邪鬼日記」「杉山明」などで検索してください。

ベストアルバムが聴けます　→

おてんとうさまはみている

2024年３月20日　初版印刷
2024年３月30日　初版発行

著　者　AKIRA
発行人　黒川精一
発行所　株式会社 サンマーク出版
東京都新宿区北新宿 2-21-1
（電）03-5348-7800
印　刷　三松堂株式会社
製　本　株式会社村上製本所

© AKIRA, 2024 Printed in Japan
定価はカバー、帯に表示してあります。落丁、乱丁本はお取り替えいたします。

ISBN978-4-7631-4123-1　C0030
ホームページ　https://www.sunmark.co.jp